Brigitte Hansen

Sage nie, das kann ich nicht

Brigitte Hansen

Sage nie, das kann ich nicht

Als Kind in den Ruinen von
Danzig und Stettin

RAUTENBERG

Alle Rechte vorbehalten
© 1986 Verlag Gerhard Rautenberg, Leer
© 2017 Verlagshaus Würzburg GmbH & Co. KG, Würzburg
Rautenberg Verlag
Internet: www.verlagshaus.com
Einbandgestaltung:
Silberwald Agentur für visuelle Kommunikation, Rimpar
www.silberwald.biz
Printed in Germany
Druck und Verarbeitung:
Himmer GmbH Druckerei & Verlag, Augsburg
www.himmer.de
ISBN 978-3-8003-3185-7

Inhalt

Einleitung

Warum schrieb ich dieses Buch, welche Erinnerungen trieben mich dazu? Es ist unendlich schwer zu definieren, wann genau der Keim dafür gelegt wurde und zu sprießen begann.

Der Grund mag darin liegen, dass die Erlebnisse, die den Zeitraum meiner Schilderungen umfassen, so gravierend meinen Charakter und mein späteres Leben beeinflusst und geformt haben.

Es gibt in jeder Generation Menschen, denen starke Eindrücke psychischer Art „unter die Haut gehen" und dann zum Alltag der entsprechenden Personen gehören. Zu dieser Kategorie muss ich mich wohl zählen.

Erst heute, über vierzig Jahre nach diesen Ereignissen, ist mir bewusst, dass die Art meiner Lebensweise durch die damaligen Erlebnisse geprägt wurde. Als junges Mädchen hatte ich eine tiefe Abneigung gegen Versprechungen aller Art. Mir war bewusst, dass ich – und nur ich allein – verantwortlich dafür war, was aus meinem Leben wurde. Ich hatte immer den Gedanken, dass ich alles versuchen und alle Kräfte einsetzen müsste, um aus dem Chaos die besten Lehren zu ziehen.

Die damals in der Gefahr auftretende Angst brach fast nie in Panik aus. Es ist heute oft so, dass ich mich frage, wie es möglich war, bei all der Hoffnungslosigkeit und Verzweiflung einen derartigen Lebenswillen zu aktivieren.

Aber nachdem das Leid überstanden ist, sollten nun auch die traumatischen Kindheitserlebnisse langsam verklingen.

Viele Situationen aus jenen Tagen sind nur mit einer leichten Schicht Vergessenheit bedeckt. Zu jeder Stunde kann durch ein Gesprächsthema, ein Plakat oder einen Traum alles wieder in den Vordergrund rücken und so lebendig werden, als gäbe es keinen Zeitraum zwischen damals und heute. Ja, ich wurde geprägt dafür, mir ein starkes Bewusstsein für Sicherheit und Zufriedenheit mit den täglichen Gegebenheiten anzueignen.

Außerdem bin ich der festen Überzeugung, dass die Leiden und Schrecknisse jener vergangenen Jahre dazu beigetragen haben, dass ich so dankbar bin für das wundervolle Dasein in der heutigen Zeit!

Brigitte Hansen

Seit fast vierzig Jahren steckte immer der Gedanke in meinem Kopf, einmal all das aufzuschreiben, was ich bewusst erlebte, als die ganz große Katastrophe über die deutschen Ostgebiete in den Jahren 1945/1946 und vor allem auf unser persönliches Leben hereinstürzte.

Zuerst waren alle diese Dinge noch so frisch, so schmerzend und seelisch nicht verarbeitet, dass es kaum möglich war, diese Erlebnisse in schriftlicher Form niederzulegen. Aber der Wille zu einer Dokumentation war da. Ich dachte, falls ich einmal Kinder haben würde, müsste für die nachfolgenden Generationen eine sogenannte Familiengeschichte existieren. Warum wir von Ostdeutschland nach Westdeutschland verschlagen wurden, warum die Wurzeln hier nun fest verankert sind.

Als unsere Ehe dann kinderlos blieb, verblasste der Gedanke an einen Bericht etwas. Nun wurde ich durch eine Fernsehserie, die von Flucht und Vertreibung handelte, wieder motiviert.

Es mögen sich einzelne Begebenheiten in der Erinnerung etwas verwischt haben, aber das Wesentliche der Erlebnisse ist wach geblieben, weil es sich zu stark einprägte.

Es wird das Aufzeigen der Ereignisse aus der Sicht eines damals fast vierzehnjährigen Mädchens sein, aber auch ein paar Jahre weiterreichen, weil die Folgezeit einfach dazu gehört.

Zollbruck 1944:
Evakuierung aufs pommersche Land

Mein Geburtsort war Stettin in Pommern. Als ich im Jahre 1931 das Licht der Welt erblickte, führten meine Eltern ein Lebensmittelgeschäft, das sie nach ihrer Heirat gekauft hatten. 1935, in diesem Jahr wurde auch meine Schwester Helga geboren, zogen wir in einen anderen Stadtteil nach Braunsfelde in die Boelckestraße. In diesem Teil der Stadt lebten auch die Großeltern mütterlicherseits, die ebenfalls ein Lebensmittelgeschäft besaßen, und zwar im Wilhelm-Busch-Weg; die Großeltern väterlicherseits wohnten sogar in der gleichen Straße mit uns. Opa, der Vater meines Vaters, war ein sehr früh pensionierter Bankbeamter.

Wir lebten in einer Zweieinhalb-Zimmer-Wohnung, Papa war damals bei der Wehrmacht als Zivilangestellter beschäftigt.

Es waren für uns Kinder wunderbare Jahre, Opa hatte durch seine Pensionierung eine Menge Zeit zur Verfügung, die er zum großen Teil mit seinen Enkeln verbrachte. Wie gut erinnere ich mich daran, dass ich im Alter von sieben oder acht Jahren meine ersten Schlittschuhe als Weihnachtsgeschenk erhielt, und Opa mit mir loszog, um zu zeigen, wie das mit den glatten Kufen unter den Füßen zu funktionieren hatte. Ich weiß noch genau, dass wir zu einem See gingen, an dessen Uferrand ein Ausflugslokal stand. Opa holte sich einen Besen, fegte die Eisfläche frei und lehrte die Enkelin das Schlittschuhlaufen.

Im Herbst ging er mit uns los und ließ Drachen steigen, die er selbst gebastelt hatte. Es wurden Kastanien gesammelt, die anschließend für Schnitzereien benutzt wurden. Es war eine schöne Kindheit!

Im Jahre 1940 wurde mein Vater beruflich nach Danzig versetzt, in eine schöne alte Stadt mit ungefahr 400.000 Einwohnern. Er war einige Wochen alleine dort, suchte eine passende Wohnung, und wir zogen mit Sack und Pack im April 1940 nach Danzig in eine herrliche Sechs-Zimmer-Wohnung im Thornschen Weg in der Niederstadt. Papa hatte bei der damaligen Gewerkschaft „Deutsche Arbeitsfront" (Amt Heer) die Leitung für den Gau Danzig/Westpreußen erhalten. Das war eine höchst angesehene Position, der entsprechend wir dann auch lebten. Papa hatte einen Personenkraftwagen, der in jenen Jahren einen gewissen Lebensstandard repräsentierte. Da es sich um eine Wohnung mit sehr großen Zimmern handelte und Mutti die Arbeit nicht allein bewältigen konnte, kam auch ein Hausmädchen in unseren Haushalt, das Mutti unterstützte, zumal das Mädchen ein eigenes Zimmer in unserer Wohnung hatte.

In Stettin war ich erst mit sieben Jahren eingeschult worden, sodass ich in Danzig noch bis 1942 zur Volksschule ging und später zur Mittelschule überwechselte.

Der Lehrstoff im Unterricht fiel mir leicht, ich war eine gute Schülerin. Die Schulfreundinnen kamen gerne zu uns nach Hause zum Spielen, weil da eben die große Wohnung vorhanden war und wir Kinder ein eigenes Zimmer hatten; die Lebensverhältnisse meiner Schulkameradinnen waren zum Teil beengter.

1943 im Winter wurde dann ein Schäferhund, genannt Tasso, der ständige fünfte Begleiter unserer Familie.

Es war so ringsherum ein sehr angenehmes Leben, es fehlte trotz der Kriegszeiten nicht an einem gewissen Luxus, sodass wir in einem wohlbehüteten Elternhaus aufwuchsen und uns Kindern eine herrliche Zeit im Gedächtnis bleiben konnte.

Allmählich kam es immer häufiger vor, dass wir Fliegeralarm bekamen und in den Keller mussten. Zu Beginn dieser Zeit gab es noch nicht überall Sirenen auf dem Dach. Es fuhr dann ein Sirenenwagen durch die Straßen, damit alle Leute Bescheid wussten. Wir waren eines Tages gerade angezogen und auf der Treppe nach unten in den Keller, als der Sirenenwagen direkt an unserem Haus vorbeifuhr. Meine Schwester Helga erschrak so sehr durch das Geheule, dass ihr der Schreck in alle Glieder fuhr. Wenn dann später Alarm gegeben wurde, drehte sie völlig durch.

„Mutti, Mutti", schrie sie, „kommt der Wagen schon wieder in unser Haus?"
Und statt in die Höschen zu steigen, nahm sie den Bettbezug

und stieg bei den Knöpfen in den Bezug, sie war dann total durcheinander.

Die ersten einschneidenden Veränderungen in unserem Lebensrhythmus ergaben sich, als im Jahre 1944 die Schulen langsam in Danzig geschlossen und die schulpflichtigen Kinder in Heime aufs Land evakuiert werden sollten, um sie aus der luftkriegsgefährdeten Stadt hinauszubringen. So war ein normaler Schulbesuch nicht mehr möglich, es sei denn, man ging mit ins Kinderlandverschickungslager. Papa sagte: „Das kommt für euch nicht in Frage, Mutti und ihr geht zu Tante Martha nach Zollbrück." Er schrieb einen ausführlichen Brief an Tante Martha, schilderte die Situation und bat darum, dass seine Familie bei ihr für einige Zeit unterschlüpfen könne. Diese Entscheidung gefiel uns natürlich gar nicht, denn wir wussten, dass es bei Tante Martha sehr eng war und wir dann nicht mehr die große Geräumigkeit unserer schönen Wohnung hatten. Auch Kinder mögen es lieber weit als eng! Aber es nützte nichts, ins Lager wollten wir auch nicht, also ab nach Zollbrück.

Tante Martha war Witwe und eine Tante von Mutti; sie hatte eine winzig kleine Wohnung im Obergeschoß eines Einfamilienhauses, dort lebte sie mit ihren beiden unverheirateten Töchtern Lotte und Martha. So übersiedelten wir Ostern 1944 in diesen kleinen Ort, der im Kreis Rummelsburg in Pommern lag. Unser lebendes Spielzeug Tasso nahmen wir natürlich mit.

Die Wirtin des Hauses, Frau Hühn, hatte im Erdgeschoß zwei große und ein kleines Zimmer, und sie gab uns einen großen Raum ab. Der Ehemann war Soldat an der Ostfront und der Sohn bei Stalingrad gefallen. So hatte sie genügend Platz, um für Mutti, Helga und mich einen Raum freizumachen. Das war aber eng! Das Zimmer hatte eine Größe von siebzehn oder achtzehn Quadratmeter, in dem wir nun zu dritt lebten und schliefen, einschließlich dem Hund Tasso.

Kochen mussten wir im oberen Stockwerk bei Tante Martha, die aber nur einen Kohlenherd hatte und kein Gas. Es war eine gewaltige Umstellung für uns, das große Wohnen war doch so bequem gewesen. Zu Anfang war es für uns Kinder noch alles recht spaßig, aber nach einigen Wochen hörte der Spaß dann auch bald auf.

Mutti sagte zwar: „Da könnt ihr mal sehen, wie gut ihr es zuhause hattet", aber das tröstete uns nicht so recht.

In Danzig konnten wir abends im Bett noch ein bisschen spielen oder lesen, hier in Zollbrück in diesem engen Zimmer war das alles nicht mehr möglich. Ein Badezimmer gab es auch nicht, wir mussten wie kleine Kinder in einer großen Zinkwanne baden, wir vermissten so vieles und sehnten uns sehr nach Danzig zurück.

Da ich in Danzig bereits im zweiten Jahr die Mittelschule besucht hatte, musste ich nun von Zollbrück aus jeden Tag mit der Eisenbahn nach Stolp fahren. Leider konnte ich diese Mittelschule nur einige Monate besuchen, weil ich etwas „schwächlich" war und mir jeden Morgen im Zug übel wurde. Außerdem war zwischen Schulschluss und Heimfahrt immer einige Wartezeit, und zwar so um die zwei Stunden herum. Diese Zeit in Stolp musste dann irgendwie überbrückt werden, meistens mit Herumlaufen. Dieser Zustand war auf die Dauer nicht möglich. So wurde der für mich sehr schwere Entschluss gefasst, mich auf die Dorfschule zu geben. Ich war entsetzt, soweit zu „sinken", aber die gesundheitliche Kondition ließ ein weiteres Hin- und Herfahren zur Stadt Stolp nicht mehr zu.

Ich war außerdem blutarm und musste aus diesem Grunde jeden Morgen die frisch gemolkene Ziegenmilch trinken, die die Ziege, die Frau Hühn im Stall hatte, spendete. Es war fürchterlich, ich ekelte mich vor dieser körperwarmen Milch, aber es war eine Zeit, in der die Kinder gehorchen mussten und das zu tun hatten, was die Eltern für richtig hielten. Also schluckte ich.

Wie häufig bat ich Mutti weinend: „Kann ich nicht etwas anderes bekommen, ich mag diese Milch nicht."

Die Zeit in der Dorfschule war gar nicht so schlecht; es wurde oft Sport getrieben (Völkerball, Schlagball, Leichtathletik usw.), was mir viel Spaß machte. Der Lehrstoff im Unterricht war für mich Spielerei, da ich diese Themen fast alle schon einmal in der Mittelschule gelernt hatte. Es fiel mir daher leicht, dem

Unterricht zu folgen, sodass ich mich bald daran gewöhnte, diese Schule zu besuchen.

Wir hatten als Schüler die Pflicht, eine bestimmte Anzahl von Kilogramm an Kräutern zu sammeln, sie zu trocknen und in der Schule abzuliefern. Wozu diese getrockneten Kräuter dann tatsächlich benutzt wurden, wussten wir nicht genau. Jedenfalls waren wir den Sommer und Herbst über ganz schön damit beschäftigt.

Im Wald fand ich einmal einen kleinen Hasen, den ich mit nach Hause nahm. Ich fragte unsere Wirtin: „Darf ich das kleine Tier hier auf Ihrem Hof behalten?" Frau Hühn bastelte einen Kaninchenstall und ich begann, diesen kleinen Hasen aufzupäppeln, was mir auch gelang. Leider nur zu dem Zweck, dass er eines Tages geschlachtet wurde und im Topf landete.

Mit Tante Martha gingen wir oft in den Wald und sammelten Pilze, Blaubeeren und Preiselbeeren. Es gab also viele Dinge, die wir als Stadtkinder bisher nicht kannten und die für uns neu und zugleich lehrreich waren.

Wenn unser Papa uns am Wochenende besuchte, dann war immer die Hölle los! Jeder wollte am liebsten ganz dicht bei ihm sein, Frau, Kinder und … Hund. Wenn Papa mit seinem Auto noch weit weg war und schon hupte, hatte Tasso das bereits gehört, da er die Hupe ganz offensichtlich aus allen anderen herausfand. Er setzte mit einem großen Sprung über das Hoftor und rannte seinem Herrchen entgegen, der nur aufpassen konnte, dass er den Hund nicht überfuhr.

Die Toberei mit Kindern und Hund war dann an der Tagesordnung. Einmal hatte Tasso sich bei so einer Tollerei die Pfote an einer weggeworfenen zersplitterten Flasche aufgeschnitten. Das gab uns Kindern Gelegenheit, den Samariter zu spielen.

Im Großen und Ganzen war es doch noch ein ziemlich unbeschwertes Leben.

Aber es kamen immer mehr Evakuierte aus den westlichen Gebieten von Deutschland auf das Land und in die Städte Pommerns, so hatte Stolp wohl einige Tausend Einwohner mehr zu beherbergen als vor dem Kriege. Leider sollten auch wir Kinder dann sehr bald in die tatsächlichen Geschehnisse, die sich durch die Flucht der Bevölkerung aus dem Osten ergaben, mit einbezogen werden. Der Ort Zollbrück war Bahnstation. Dort hielten die Züge mit den überfüllten Waggons voller Flüchtlinge aus den ostpreußischen Landesteilen. Außerdem machten auf diesem Bahnhof auch die Verwundetenzüge Halt. Die Frauen und die größeren Schulkinder hatten die Aufgabe, diese Leute mit heißem Tee und belegten Broten zu versorgen. Wir mussten oft stundenlang stehen und Brote schmieren und Tee kochen. Es gab einen regelrechten Einsatzplan, wer wann und wo sein musste. Zum Teil mussten wir älteren Schulkinder auch spät abends oder gar nachts mithelfen, um all den vielen Menschen in den vollgestopften Zügen zu einer kleinen Mahlzeit zu verhelfen.

Irgendwie war es so, dass wir hiesigen Bewohner zwar die geflüchteten Menschen unendlich bedauerten, uns aber trotzdem nicht vorstellen konnten, wie diesen Leuten tatsächlich zumute war.

Und so war auch in diesem kleinen Ort, der bisher weit entfernt von den Kriegsereignissen lag, die Unruhe eingekehrt. Dies muss ungefähr im Januar 1945 gewesen sein.

Eines Tages bekam Mutti die Aufforderung, mit unserem Schäferhund zur ‚Musterung' zu kommen. Es sollten Fronthunde ausgebildet und eingezogen werden. Wir aber wollten ja auf keinen Fall unseren Tasso verlieren. Helga und ich heulten schon vorher aus Angst um den Verlust von unserem Spielfreund.

„Mutti, du darfst einfach nicht hingehen", so baten wir sie, doch sie meinte, dass sie sich diesem Gang nicht entziehen dürfe.

Aber sie wandte einen Trick an. Dort stand ein Soldat, der den einen Arm völlig sicher verpackt hatte und mit dem anderen Arm einen Stock vor die Nasen der Hunde hielt, um sie zu reizen, wahrscheinlich, um zu sehen, ob es sich um ein temperamentvolles Tier oder eine Niete handelte. Tasso biss allerdings nicht wie eigentlich vorgesehen in den verpackten Arm, sondern suchte sich die Hand mit dem Knüppel aus! Also Wachsamkeit war bereits bescheinigt. Anschließend mussten die Hundehalter in einem großen Kreis herumgehen, die Hunde fest an der Leine. Ein

Soldat schoss mehrmals in die Luft. Bei dieser Gelegenheit gab Mutti dem Hund einen leisen Befehl: „Ab nach Hause, schnell", sagte sie, und Tasso riss sich von der Leine los und raste mit einer ungeheuren Geschwindigkeit Richtung Heimat. Offensichtlich war es den Soldaten zu mühsam, einen Hund zu diesem Zeitpunkt noch schussfest machen zu müssen. So ließen sie von der Absicht ab, Tasso als Meldehund ‚einzuziehen‘, und wir waren weiterhin durch dieses Tier in dem doch ziemlich einsam stehenden Haus geschützt.

Die Kriegswirren näherten sich. Aus weiter Ferne vernahmen wir dumpfes Grollen, es wurde von einigen Leuten behauptet, dass es sich um Kanonen handeln müsste, andere wieder sagten: „Das ist doch völliger Quatsch, wie sollten wir hier wohl sowas hören." Trotzdem sprach sich bald herum, dass die einzelnen Familien ihre Sachen für ein eventuelles Verlassen des Ortes bereitgestellt hätten. So war es nicht verwunderlich, dass auch wir in ziemlicher Unruhe die Koffer packten. Es war so schwer zu entscheiden, was wir eigentlich mitnehmen sollten. „Wir können nicht auch noch euren Krimskram einpacken", wies Mutti all die kleinen Dinge zurück, die Helga und ich so gerne in die Koffer geschmuggelt hätten. Auch Frau Hühn und Tante Martha wechselten immer wieder den Inhalt ihrer Gepäckstücke aus, weil auch sie unsicher waren, was sie nun am liebsten mitnehmen wollten. Jedenfalls waren wir alle in gewisser Weise zum Aufbruch bereit.

Es war ganz klar, dass nur Menschen mit den Fluchtzügen befördert werden konnten, Hunde auf gar keinen Fall. Das stellte uns vor das große Problem, was mit Tasso zu geschehen hatte. Mutti brachte es nicht übers Herz, den Hund frei herumlaufen und wildern zu lassen. So fasste sie den Entschluss, den Hund von einem Förster töten zu lassen. Beim ersten Gang zum Förster war dieser nicht anzutreffen. Am nächsten Tag war er dann aber – leider – da. Mutti erklärte ihm die Situation.

„Sehen Sie, wir wollen den Hund nicht alleine lassen, mitnehmen dürfen wir ihn auch nicht. Bitte, töten Sie das Tier."

Er fand sich erst nach sehr langem Bitten bereit, den Hund zu erschießen. Tasso war aber auch ein Prachtexemplar. Die Stammbäume seiner Eltern waren beachtlich, er war ein wirklicher Rassehund. Außerordentlich wachsam und wunderhübsch in seinen Farben. Mutti musste den Hund ganz kurz an einen Baum binden, weil der Förster nicht an ihn herankam. Tasso ließ sich von keinem Fremden berühren und ging sofort auf Angriffsstellung. Jedenfalls erschoss der Förster unseren von allen heißgeliebten Tasso.

Man kann sich vorstellen, wie der Heimweg war. Tante Martha, Frau Hühn, Mutti und wir Kinder konnten vor Tränen kaum aus den Augen blicken.

„Seht mal, hier im Sand sind noch Tassos Pfotenabdrücke zu sehen", mit diesen Worten blieb Tante Martha stehen.

Wir starrten wie gebannt auf diesen kleinen Sandhügel. Sollte das erst eine Stunde her sein, seit Tasso hier herumgetollt hatte? Wir Kinder konnten überhaupt nicht begreifen, was da geschehen war. Es war das erste einschneidende Erlebnis, das mit dem Tod zusammenhing.

Frau Hühn hatte inzwischen ihren Kellerzugang, der vom Hausflur aus abging, mit Brettern vernagelt, mit Kartoffeln und Holz bepackt, sodass es aussehen sollte, als gäbe es gar kein Untergeschoß. Denn in diesem Keller waren alle wertvolleren Sachen eingelagert, die wir auf keinen Fall verlieren wollten. Im Garten wurden vorsichtig einige Büsche ausgegraben und in die entstandenen Löcher einige Dinge versenkt, von denen wir hofften, sie unbeschädigt eines Tages wiederzufinden. Die Sträucher setzten die Frauen darauf und richteten den alten Zustand wieder her.

Wir waren also abmarschbereit!

Als ich eines Tages wieder einmal von meinen Pflichten als Hilfe bei der Flüchtlingsspeisung vom Bahnhof zurückkam, ging ich über ein großes Feld, um den Weg zu unserem Haus abzukürzen. Ich schlich reichlich müde dahin, denn die Beine taten mir vom langen Stehen auf dem Bahnsteig weh. Die Leute in den Flüchtlingszügen hatten zu mir gesagt, dass auch wir bald hier weg müssten, sie hätten gehört, der Russe sei schon überall.

Als ich so ungefähr ein Drittel des Feldes überquert hatte, kam plötzlich ein Flugzeug, dessen Insassen mich mit der Bordwaffe beschossen. Zuerst konnte ich gar nicht voll begreifen, was da passierte. Ich blieb stehen und guckte zum Himmel, aber da kam das Flugzeug auch schon wieder zurück, wieder knallte irgendwie ein Gewehr und im gleichen Moment wurde mir klar, dass die tatsächlich mich abschießen wollten. Mein Entsetzen, das mich völlig lähmte, schlug in rasende Angst um.

Wie sollte ich mich nur verstecken? Das Feld war ohne Strauch und Baum und ging sogar noch ein bisschen bergan. Ich rannte wie verrückt durch den Schnee, hatte vom Laufen Seitenstiche, lief aber trotz Schmerzen immer schneller. Vielleicht sah der Pilot, dass hier unten ein Kind um sein Leben rannte und schoss aus diesem Grunde vorbei. Jedenfalls war es für mich ein Wettlauf ums Leben. Sie ließen nach kurzer Zeit von mir ab und ich war nur noch in der Lage, mich am Hoftor meiner Mutter, die diese Sache erst im letzten Augenblick gesehen hatte, fast ohnmächtig in die Arme fallen zu lassen. So eine grauenvolle Angst hatte ich in meinem bisherigen Leben noch nie erlebt.

„Mutti, das war furchtbar, ich konnte beinahe nicht mehr rennen", schluchzte ich an ihrer Schulter.

„Ist ja gut, Gitta, nun ist alles vorbei", tröstete sie mich.

Danzig März 1945:
Warum „flohen" wir nur nach Osten?

Wir waren uns nicht ganz klar darüber, ob und wann wir Zollbrück verlassen mussten. Das Gedröhne der Kriegsmaschinerie
war inzwischen auch in Zollbrück ganz nahe zu hören. Es hieß,
die Russen seien bereits in sehr großer Nähe. Eine frühere Schulfreundin von Mutti aus Stargard war mit dem Bahnhofsvorsteher
von Zollbrück verheiratet. Sie kam eines Nachts zu uns und sagte
zu Mutti: „Pass auf, Frieda, wenn du mit den Kindern hier noch
raus willst, dann musst du sofort los." Ihr Mann hatte ihr an-
vertraut, dass in wenigen Stunden der allerletzte Zug von Zollbrück
aus abfahren würde. Wenn wir überhaupt hier weg wollten, dann
wäre dies die letzte Gelegenheit.

Da wir schon seit einiger Zeit sozusagen auf dem Sprung
standen, war es uns nun möglich, sehr kurzfristig das Haus zu
verlassen.

In den ersten Märztagen des Jahres 1945 (es muss der 1. oder
2. März gewesen sein) begann damit eine Periode meines Lebens,
auf die ich gerne verzichtet hätte!

Wir waren eine Schar von zwölf Personen, die sich auf den
unerbittlichen Fluchtweg begab. Es handelte sich um Mutti,
Helga und mich, Tante Martha mit ihren beiden im Hause le-
benden Töchtern Lotte und Martha im Alter von siebzehn und
zwanzig Jahren und ihrer verheirateten Tochter Grete mit vier
kleinen Kindern und Frau Hühn. Wir waren übereingekommen,
gemeinsam den Ort zu verlassen.

Zu diesem Zeitpunkt wurde eine von den Erwachsenen so
gravierende Fehlentscheidung getroffen, die nicht mehr rückgängig zu machen war und die uns ein kaum zu ertragendes
Maß an Not und Elend bescherte. Welch unerträgliches Leid
durch den Einmarsch der Roten Armee auf die Bevölkerung
zukommen sollte, ahnte niemand von den Betroffenen. Später
wurde uns bekannt, dass wir sowieso keine Möglichkeit mehr

gehabt hätten, in Richtung Westen zu flüchten, denn der Russe hatte bereits am 1. März die Ostsee bei Köslin erreicht, und so setzte die Flucht in entgegengesetzter Richtung ein, nämlich nach Gotenhafen und Danzig. Stolp war schon am 8. März von der Roten Armee eingenommen worden und am 10. März war ganz Ostpommern unter sowjetischer Besatzung.

Mutter hatte den natürlichen Wunsch, mit ihren Kindern zu Mann und Vater zu eilen. Wohin sollte sie auch sonst gehen? Die Verwandtschaft hatte kein Ziel, sodass sie mit Mutti, die sehr energisch und zielstrebig war und wusste, was sie wollte, einfach mitgingen.

Und wohin fuhren wir? Nicht nach Westen, wo noch Freiheit und Schutz gewesen wären, nicht nach Stettin, wo die Eltern und Großeltern wohnten, sondern nach Danzig, gen Osten, in die Höhle des Löwen, hinein in ein Geschehen, das für die Menschheit kein Ruhmesblatt bedeuten sollte.

Nachdem wir also in den völlig überfüllten letzten Zug, der Zollbrück verließ, eingestiegen waren, ging die Irrreise los. Wir fuhren ja auf keinen Fall direkt nach Danzig, sondern man musste einfach die Fahrt mitmachen, wohin die Bahn auch fuhr. Die Kinder wurden ungeduldig und fragten dauernd: „Wann kommen wir endlich an?"

Wir mussten zwei- oder dreimal in einen anderen Zug umsteigen und landeten tatsächlich nach zwei Tagen (für die paar Kilometer diese „Reisezeit"!) in Danzig. Papa informierten wir vom Bahnhof aus telefonisch von unserer Ankunft. Mutti war außerordentlich erleichtert: „Ein Glück, dass ich Papa erreicht habe, was hätten wir nur gemacht, wenn er nicht in Danzig gewesen wäre!"

Bei dem ersten Gespräch zu Hause stellte sich heraus, dass Papa schon bis auf wenige Kilometer an Zollbrück mit dem Auto herangekommen war, aber es kein Durchkommen mehr gab, weil die Kämpfe bereits in unmittelbarer Nähe tobten. Papa hatte uns holen wollen und musste unverrichteter Dinge wieder zurückfahren. Ob das wohl eine leichte Entscheidung war? Inzwischen war auch bekannt geworden, dass Danzig zur „Festung" erklärt worden sei. Was das tatsächlich bedeutete, sollten wir später erleben!

Nun, wir waren jedenfalls in Danzig angekommen und somit an dem Ziel, das Mutti sich gesetzt hatte. Unsere Wohnung umfasste zwar sechs Zimmer, aber wir waren immerhin dreizehn Personen, die dort kampieren mussten. Im Herrenzimmer und im Mädchenzimmer sowie in Muttis Damenzimmer wurden Matratzen auf den Fußboden gelegt, sodass alle einen Schlafplatz erhielten. Dieser Schlaf wurde allerdings laufend von Flieger-alarmen und schweren Luftangriffen unterbrochen, bis der Tag kam, an dem es keinen Alarm mehr gab, sondern wir nur noch in den Keller gehen konnten, wenn die feindlichen Flugzeuge über uns waren. Es geschah häufig, dass Tiefflieger durch die Straßen flogen und in die Fenster schossen. Wenn wir hörten, dass Flugzeuggeräusche sich laut und schnell näherten, warfen wir uns in unserem sehr langen Flur auf den Fußboden oder unter die Fensterbrüstung, um nicht von den Kugeln, die die Fensterscheiben zersplitterten, getroffen zu werden. Das Essen, das wahrlich nicht reichlich war, blieb ungegessen auf dem Tisch zurück. Und das Kochen hatte doch so viel Mühe gemacht, es gab kein Gas und keinen Strom mehr. Wir kochten auf dem alten Kohlenherd, der noch in der Küche stand.

Diese ganze Situation dauerte nicht lange, weil wir dann nur noch im Luftschutzkeller lebten. Es hatte sich herausgestellt, dass der Aufenthalt in der Wohnung zu gefährlich wurde. Wir konnten gar nicht mehr so schnell in den Keller gelangen, wie es nötig gewesen wäre. Papa ordnete an: „Ihr müsst alle eure Sa-chen in den Keller bringen, hier oben dürfen wir nicht bleiben." Helga und ich hatten in dem oft dunklen Keller Angst, das Licht flackerte nur noch manchmal auf, es brannten meistens ein paar Kerzen, um wenigstens ein bisschen Helligkeit zu erzeugen. Wie war das alles schrecklich, wann würde das endlich aufhören?

Zwischenzeitlich gingen wir auf die Straße; es hatte sich nämlich herausgestellt, dass ein Teil der Privatbevölkerung und Leute vom Volkssturm die verschlossenen Läden, deren Inhaber geflüchtet waren, gewaltsam öffneten und eine kostenlose Verteilung der dort vorhandenen Lebensmittel vornahmen. Plötzlich hatten wir Mehl, Butterschmalz, Käse und noch einiges mehr, sodass wir zumindest satt wurden.

Ganz ohne Risiko waren diese Ausflüge durch die Straßen natürlich nicht. Wir mussten jederzeit damit rechnen, dass Tiefflieger angriffen, und dann war eine Rettung fast nicht mehr möglich. Außerdem war das Granatfeuer von beiden Seiten – Russen und Deutschen – so dicht, dass wir mittlerweile im umkämpften Gebiet lebten. Es wurde praktisch jede einzelne Straße um- und erkämpft.

Wir hatten unheimliche Angst und zogen jedes Mal, wenn der Kanonendonner rollte und die Granaten heulten, die Köpfe ein. Papa belehrte uns aber: „Solange es noch um eure Ohren zischt und knallt, solange besteht keine Gefahr. Wenn ihr nichts mehr hört, hat es euch erwischt!" Auch eine Logik, die wir uns aber zu eigen machten. Auch wir meinten schließlich, der Lärm würde uns nichts ausmachen, und wenn uns eine Granate treffen sollte, würden wir wohl sowieso nichts mehr merken.

Unser ganzes bisheriges Leben wurde auf den Kopf gestellt. Früher hatten Papa und Mutti uns häufig ermahnt: „Seid vorsichtig auf der Straße, albert nicht so viel herum", und jetzt durften wir sogar bei dieser Knallerei das Haus verlassen! Manchmal, wenn es etwas ruhiger war, kam uns das alles so vor, als spielten wir Theater. Wir hatten ja oft mit unseren Freundinnen „Alarm" gespielt und uns unter Decken versteckt und so getan, als wären wir in gefährlichen Situationen. Aber dies war kein Spiel mehr, jeder Schritt aus dem Haus bedeutete echte Gefahr. Wie schnell mussten wir nun laufen, wenn Flugzeuglärm ertönte. Da würde ein Unter-die-Decke-Kriechen nicht mehr helfen!

In unserem Keller, der außerordentlich dicke Wände hatte, wie das bei den meisten alten Häusern der Fall war, hatte sich eine Funkstation der deutschen Soldaten eingerichtet. Eines Tages erklärten sie uns, dass wir als Zivilbevölkerung den Keller räumen müssten. Immerhin waren wir eine Gruppe von dreizehn Leuten und da musste vorher klargestellt werden, wie wir aus diesem Keller verschwinden würden. Durch die Haustür ging es nicht mehr, weil in der Straße bereits Maschinengewehrfeuer im Gange war. Also mussten wir durch einen Kellerdurchbruch in das nächste Haus, das einen Ausgang zur anderen Straßenseite hatte. Unser Haus war nämlich ein Eckhaus.

Es wurde genau verabredet, was passieren sollte, falls einer von unserer Gruppe hinfallen oder durch Granatsplitter, Kugeln oder ähnliches verletzt werden würde. Es sei dann unmöglich, dass die ganze Gruppe stehen bliebe und damit ein volles Schussziel abgeben würde. Also sollte diejenige Person, die getroffen werden würde, alleine versuchen, wieder auf die Beine und aus dem Schussfeld zu gelangen. Eine phantastische Theorie! Einer sollte liegenbleiben, damit die anderen in Sicherheit gelangen könnten …

Beim Verlassen des Kellers und des Durchbruchs zum anderen Haus saß uns natürlich die Angst im Nacken. Im Keller hatten wir immer noch das Gefühl einer gewissen Sicherheit, wir waren nicht direkt mit dem Außengeschehen konfrontiert. Als wir dann auf die Straße krabbelten, sah ich den ersten Toten in meinem bis dahin so behüteten Leben. Nur unseren Tasso hatten wir erschossen und leblos noch im Arm gehabt, aber der Anblick eines toten Menschen war uns bis zum heutigen Tage erspart geblieben. – Ein Soldat lag mit zerschmettertem Kopf genau vor dem Ausgang. Für einen Schock hatte ich allerdings gar keine Zeit, weil wir uns sofort in den nächsten Hausschatten begeben mussten.

„Weiter, nun geht doch bloß weiter", drängelte Mutti, weil wir doch ins Stocken gerieten. Ihr ging das alles nicht schnell genug.

Und dann passierte fast gleich am Anfang das, was wir zwar besprochen, aber alle nicht einkalkuliert hatten. Die erste Person stolperte über Trümmer und lag nun mehr oder weniger mitten im Schussfeld eines deutschen Soldaten, der sich auf der Straße in einem Erdloch mit einem Maschinengewehr befand. Genau in seiner Schussrichtung lag Mutti! Sie war so unglücklich gefallen, dass ihre Brille kaputtging und durch das Hochrutschen der Glassplitter schnitt sie sich ihre Stirn auf. Helga und ich schrien ganz verzweifelt: „Mutti, Mutti, komm schnell!" Die graue Theorie, liegenlassen …, wo war die geblieben? Papa rannte sofort zurück und zog Mutti mit sich. Der Soldat rief, dass Mutti aus der Schusslinie verschwinden müsste, alle Kinder heulten wie verrückt, eine Panik drohte auszubrechen.

Da Mutti sehr schlecht ohne Brille sehen konnte, hatte sie glücklicherweise immer eine Ersatzbrille bei sich, sodass sie nun wenigstens in der Lage war, wieder um sich blicken zu können. Ihre reichlich blutende Wunde verband Papa mit einem Taschentuch; die Herumirrerei durch die völlig zerstörten Straßen mit den rauchenden Trümmern und mit den gleichen flüchtenden Menschen wie wir ging weiter. Papa hatte zwar erfahren, dass es den sowjetischen Truppen um den 22. März herum gelungen war, den Durchbruch zwischen Danzig und Gotenhafen zu erkämpfen, aber er meinte, dass es vielleicht noch möglich sein würde, hinter die Front zu gelangen, sich bis ans Wasser durchzuschlagen und eventuell die Chance zu erhalten, noch aus dieser verlorenen Stadt entfliehen zu können.

Wir kletterten über brandheiße Trümmer; der Rauch war so stark, dass das Atmen schwer wurde, wir hatten auch alle etwas Gepäck bei uns, ein paar Lebensmittel und Kleidung. Grete mit ihren vier kleinen Kindern war extrem in Anspruch genommen. Tante Martha und ihre beiden anderen Töchter hatten die Kleinen an der Hand, und Grete trug ihren nur ein paar Monate alten Säugling.

Die Kinder waren kaum noch zu beruhigen, sie heulten die ganze Zeit. Tante Martha konnte das alles fast nicht mehr ertragen.

„Ich glaube, ich breche gleich zusammen", jammerte sie.

Mutti war durch ihren Sturz immer noch etwas benommen und stolperte blindlings inmitten unserer Gruppe voran.

„Ach, Bob, hat das überhaupt alles noch einen Zweck, dieses Weiterhasten?", fragte sie Papa.

Der murmelte etwas und schüttelte den Kopf. Es war eine ungeheure Situation, die da auf uns einstürmte, hinter und neben uns Kampflärm mit Schießereien, vor uns die Hoffnung, doch noch in Richtung Ostsee zu gelangen. Aber es war bereits alles viel zu spät!

Als wir merkten, dass kein Vorankommen mehr möglich war, gingen wir in eine alte Schule, die auf unserem Wege lag und die bereits mit Flüchtlingen vollgestopft war, die sich hier ebenfalls einen gewissen Schutz versprachen.

Wir kampierten zwei Tage in diesem Haus, und dann passierte Folgendes: Da dieses Gebäude zum größten Teil mit Frauen und Kindern völlig überfüllt war, ergriff ein Mann die Initiative, kletterte auf das Dach und brachte eine weiße Flagge, wahrscheinlich ein Laken, auf dem Dach an. Dies sollte ein möglicher Versuch sein, dass Freund und Feind nicht mehr auf die Schule zielen sollten, um die Menschen darin zu retten. Und da kam dann eine Situation, die mir erst später klar werden sollte. Es gab selbst in diesen Zeiten, als bereits wirklich alles verloren war und nur noch das nackte Leben übrigblieb, in diesem Augenblick gab es noch Fanatiker, die die angebliche Ehre über alles andere setzten; sie holten den Mann vom Dach und erschossen ihn! Diesen Menschen, der doch nur Mitbürger vor dem sicheren Tod hatte retten wollen!

Der erste Einbruch der Russen ins Danziger Gebiet war circa am 19. März. Am 27. März hatten die sowjetischen Truppen dann die Stadt erobert. Nur in manchen Straßenzügen dauerte es ein bis zwei Tage länger. Und wir waren in so einer Straße in der Danziger Niederstadt.

Die Männer, die mit in diesem Gebäude waren, hatten die Gelegenheit, sich in einem Waschraum zu rasieren. Papa kam dann am 29. März nachmittags aus diesem Waschraum und sagte: „Es ist soweit!" Schon am Vortage, als der Kanonendonner immer dichter zu hören war, hatten die Männer die Befürchtung geäußert, dass es nun nur noch Stunden dauern könne, bis alles ein Ende hätte. Nach Papas Ankündigung verstummten die leisen Gespräche abrupt. Wir alle wussten, dieser Ausspruch bedeutete, dass die Russen nun auch dieses Haus umzingelt hatten und jeden Augenblick hereinstürmen konnten. Die Männer hatten durch ein Fenster vom Waschraum aus gesehen, dass die russischen Soldaten bereits auf dem Hof waren. Einen Moment später hörten wir auch schon ein fürchterliches Geschrei und Gebrülle, das sich wie „hurrä, hurrä" anhörte. Wir konnten uns gar nicht vorstellen, was das sein sollte, dieses hurrä, hurrä. Es klang schaurig und gleichzeitig triumphierend. Wir waren völlig starr vor Entsetzen. Bisher hatten wir in dieser Gemeinschaft mit den vielen anderen Leuten, die ebenfalls aus ihren Wohnungen geflüchtet waren, das Gefühl des Zusammenhalts. Was brach da nun auf uns herein?

Durch die Türen erschienen kurze Zeit später völlig verdreckte, zerlumpte Gestalten mit Gesichtern, die teils schlitzäugig, teils sehr fremdländisch und furchterregend aussahen. Sie machten fürchterlichen Lärm und Spektakel. Wir wurden alle durcheinander gescheucht, es wurde von beiden Seiten geschrien. Wir gerieten in angstvolle Panik, die kleinen Kinder heulten, alles in allem eine so groteske Lage, wie sie sonst in Gruselfilmen dargestellt wurde. Die Soldaten forderten uns mit drohenden Gebärden auf, uns der Reihe nach aufzustellen, gingen dann von Mann zu Mann, von Frau zu Frau, von Kind zu Kind und sammelten alle Schmuckgegenstände ein, die – wenn überhaupt noch – getragen wurden. Laufend brüllten diese Gestalten „Urr, Urr". Den Frauen wurden die Eheringe abgenommen, den Männern die Uhren, die Ohrringe der Frauen wurden zum Teil aus den Ohrläppchen gerissen, wenn sie sie nicht schnell genug herausschrauben konnten.

Muttis Ehering saß ziemlich fest. Als ein Russe ihn nicht gleich vom Finger bekam, zückte er ein Messer und wollte den Finger abschneiden.

„Bruno, sieh doch, der Kerl will mir den Ring abschneiden", kreischte Mutti voller Entsetzen. Aber in letzter Sekunde riss sie ihre Hand weg und nahm den Finger in den Mund, damit die Spucke den Ring leichter gängig machen sollte. Dies gelang auch, sodass der Russe zu dem Ring kam und Mutti eine heile Hand behielt.

Das war also die erste Begegnung mit den Siegern! Wie wir noch lange Zeit später erleben mussten, waren Plünderung und Raub uneingeschränkt mit offensichtlich offizieller Genehmigung an der Tagesordnung.

Das ganze bisherige Leben war plötzlich wie in einem Nichts versunken, es gab nur noch Angst und Schrecken. Es war, als hätte es niemals Sicherheit und Geborgenheit gegeben, all das war schlagartig mit dem Auftauchen dieser Fremden verschwunden. Gerade wir Kinder konnten das Geschehen einfach nicht begreifen.

Helga fragte immer wieder: „Wann gehen diese Räuber wieder weg, warum sind die so schrecklich?"

Darauf konnten die Erwachsenen natürlich nichts antworten, ja nicht einmal trösten. Denn für sie war ebenfalls eine Situation eingetreten, die es in ihrem Leben auch noch nicht gegeben hatte.

Der Lärm vor dem Gebäude war enorm, dort war eine Stalinorgel stationiert worden, die alle Augenblicke ihre Schüsse von sich gab. Die Russen kamen manchmal rein und zeigten uns durch Handbewegungen, dass wir die Finger in die Ohren stecken und den Mund aufmachen sollten. Papa sagte, dadurch solle vermieden werden, dass uns die Trommelfelle platzten.

Es herrschte ein heilloses Durcheinander. Plötzlich entstand unter den Russen eine große Hektik. Sie riefen sowas ähnliches wie „Pascholl, pascholl, dawai, dawai" und bedeuteten uns, dass wir alle in rasender Eile das Haus verlassen sollten. Es war schon längere Zeit so, dass wir alle sehr schwitzten und wie in Schweiß gebadet waren. Wir glaubten allerdings, dass es reiner Angstschweiß sei. Aber den wirklichen Grund sahen wir nun vor Augen: Als wir das Gebäude verließen, bemerkten wir, dass bereits die ganzen oberen Stockwerke dieser Schule brannten, und zwar lichterloh! Bevor alle Menschen das Haus verlassen konnten, stürzte die Decke des Erdgeschosses ein, und die letzten Flüchtlinge, die hier einmal Schutz suchten, wurden unter den brennenden Trümmern begraben! Frau Hühn öffnete den Mund, wollte schreien, aber die Stimme versagte ihr angesichts dieses Dramas, das sich vor unseren Augen abspielte. Unsere ganze Gruppe war allerdings heil diesem Inferno entkommen, alle dreizehn Personen lebten, sogar unverletzt. Wir befanden uns in einem einzigen Chaos. Die Kinder jammerten und schrien, die Frauen weinten, und den Männern stand beim Anblick dieser fürchterlichen Situation das Grauen im Gesicht.

Nachdem wir den Schulhof verlassen hatten, wusste niemand, wohin wir uns wenden sollten. Papa sagte:

„Wir wollen erst einmal prüfen, ob unser Haus noch bewohnbar ist." Wir suchten uns einen mühsamen Weg über nun völlig zerstörte Straßen. Die heißen Trümmer brannten uns die Schuhsohlen durch, es war nur mit größten Anstrengungen möglich, überhaupt einen Schritt vor den anderen zu tun. Wir waren schlapp vor Hunger und Durst, waren voller Angst, keiner wusste, was die nächste Minute bringen würde. Es gab fast keine heilen Häuser mehr, wo sollten wir hin? Überall nur rauchende Hausruinen. Endlich erreichten wir unsere Straße und sahen zu unserem großen Erstaunen, dass das Haus noch stand, zwar war das Herrenzimmer, das sich genau an der Ecke des Hauses befand, von einer Granate getroffen worden, aber ansonsten war noch alles in Ordnung.

Da sich überall im Hause Russen aufhielten, wollten wir in den Keller. Auf der Kellertreppe versuchte ein Russe, Mutti mit sich zu ziehen.

„Hilfe, so helft mir doch!"

Sie schrie aus Leibeskräften und wehrte sich, trat mit den Füßen nach dem Russen, versuchte ihm das Gesicht zu zerkratzen. Papa war wie rasend, er schlug ebenfalls auf den Soldaten ein, der auch tatsächlich noch einmal von Mutti abließ. Papa hatte in unserem wohnungseigenen Keller in der Kartoffelkiste seine Pistole versteckt gehabt. Diese Pistole holte er nun, um bewaffnet zu sein, wenn wieder ein Russe ein Familienmitglied mitnehmen wollte. Im Keller waren auch einige Nachbarn eingetroffen, die gleichfalls den Weg zum Wohnhaus zurück gesucht hatten, warum wusste eigentlich keiner. Denn wir erfuhren nun, dass es völlig egal war, wo man sich aufhielt, gefährdet, waren wir in jeder Minute, ob im Haus oder im Freien. Es gab keinen sicheren Platz mehr. Ein Nachbar sah dann, dass Papa die Pistole hatte.

Er geriet völlig außer sich, entriss ihm die Waffe ganz plötzlich und warf sie aus einem offenen Kellerfenster auf die Straße. Die Leute hatten panische Angst, dass ungeheure Repressalien auf uns zukämen, falls ein Russe die Waffe bei Papa entdecken würde. Es bedeutete eine große Gefahr, so ein Schießwerkzeug zu besitzen.

Da das Haus und damit auch der Keller ohne großen Schaden geblieben waren, standen hier auch noch die Feldbetten und Etagenbetten, die wir damals für die Nächte der Luftangriffe aufgestellt hatten. Somit gab es Schlafmöglichkeiten. Wir Kinder lagen zu zweit oder zu dritt in einem Bett, die Erwachsenen lösten sich beim Liegen teilweise ab. Irgendeiner hielt auch immer „Wache"; sobald ein Russe wieder im Keller auftauchte, wurden alle geweckt. Trotzdem war dieses Wach sein gar nicht von Nutzen, denn wehren konnte sich niemand gegen das, was die russischen Soldaten beabsichtigten.

Alle männlichen Wesen, egal welchen Alters, ob Jungen von vierzehn Jahren oder Männer von fünfundsiebzig Jahren, mussten auf die Straße und wurden dort von den Russen angetrieben, Trümmer zu beseitigen, damit sie mit ihren Fahrzeugen durch die Straßen fahren konnten. Zwischenzeitlich durften die Männer in den Keller zu einer kurzen Ruhepause.

Am zweiten Tage dieser Arbeiten kamen die Männer, aber nicht die Knaben zu einer ungewöhnlichen Ruhepausenzeit ins Haus. So ein junger Bewachungsrusse wusste wohl, was in der nächsten Stunde passieren sollte und hatte ein Erbarmen mit Männern und Frauen. Er gab zu verstehen, dass die Männer sich verabschieden sollten von ihren Familienangehörigen. Papa war äußerst ruhig. Er nahm Mutti in den Arm und sagte leise: „Friedel, ich werde wohl so schnell nicht wiederkommen, die Russen haben irgendetwas mit uns vor. Pass auf die Mädchen auf, wenn dir das überhaupt möglich ist." Dann ging er mit zögernden Schritten hinaus. Nachdem die Männer den Keller verlassen hatten, wurden sie anschließend alle verschleppt. Die Männer waren einfach weg! Sie kamen nicht wieder rein. Was war geschehen? Niemand wusste genau, was eigentlich los war.

Die Frauen bestürmten die Soldaten, ihnen zu sagen, wo die Männer wären. Aber es gab keine Antwort, die Russen taten so, als ob sie die flehentlichen Gebärden der Frauen und Kinder nicht verstünden. Es war wohl leicht für sie, so zu tun, als hätte es hier nie Ehemänner und Väter gegeben.

Bis uns langsam klar wurde, dass die Männer tatsächlich verschwunden blieben. Wir waren nun ohne Vater, ohne Mann, ohne Schutz; obwohl das Vorhandensein eines Mannes in diesen Tagen absolut nicht bedeutete, dass die Familien Schutz hatten, es war eben nur so, dass wir einfach unseren Papa hatten, der sagte, was zu geschehen hätte und wir dieses dann akzeptierten. Aber nun? Wir waren allein, jetzt mussten die Frauen und Mütter entscheiden, was passieren sollte. Wir hielten uns noch einige Zeit in dem Keller auf. Wir wussten nicht, was wir tun sollten. Einen klaren Gedanken zu fassen, das war bei all dieser Todesangst nicht möglich. Jede Minute brachte neue Schrecken. Sollten wir im Keller bleiben, sollten wir versuchen zu flüchten? Als ich zu Mutti sagte: „Wir müssen doch auf Papa warten", antwortete sie mutlos, dass das keinen Zweck hätte. Wo sollten wir wohl suchen?

Eines Nachts kam wieder ein Russe in den Keller und wollte sich eine Frau holen. Inzwischen war es so, dass zu jeder Zeit und zu jeder Stunde ein russischer Soldat auftauchen konnte, der sein „Frau komm" sprach, eine Frau mitzerrte, und diese das erdulden musste, was unter Vergewaltigung zu verstehen ist. Die Szenen, die sich dabei abspielten, waren unbeschreiblich. Die Frauen wussten ja nie, ob sie überhaupt zurückkommen würden, die Kinder schrien vor Angst um ihre Mütter, sie wollten sie nicht gehen lassen und klammerten sich bei ihnen fest. Dann wurden von den Russen Schläge ausgeteilt, die noch mehr Angst und Schrecken erzeugten.

In dieser Nacht also kam ein Russe, trat auf unser Feldbett zu und begrabbelte mich von oben bis unten. Mein Herz stand still, ich war wie gelähmt und konnte nicht einmal schreien. Ich hatte bereits gehört, was es bedeutete, wenn ein weibliches Wesen mit den Soldaten mitgehen musste. Und dann wehrte ich mich mit den winzigen Kräften, die ein dreizehnjähriges Mädchen aufbringen konnte. Aber er wollte mich mitnehmen, ich war so schön blond, was die Russen über alles liebten. Nur war ich glücklicherweise an einen Mann gelangt, der üppige Formen liebte, mit denen ich nicht aufwarten konnte. Ein Riesenglück für mich, dass ich ihm zu mager war, so äußerte er sich jedenfalls, „zu mager". Stattdessen musste eine ausgewachsene Frau mit ihm gehen. Ich war für dieses Mal gerettet. Um es gleich vorweg zu sagen, ich blieb auch während aller Schrecknisse vor einer Vergewaltigung bewahrt. Aber Mutti! Was musste sie alles durchmachen! Sie hatte noch ihre Stirnwunde, die sie sich beim Stolpern vor ein paar Tagen zugezogen hatte, diese Wunde kratzte sie immer wieder auf, damit die Stirn erneut blutete oder mit blutigem Schorf bedeckt war. Sie trug ein Kopftuch, um alt auszusehen. Dabei war das doch die Kopfbedeckung, die die Russenfrauen auch trugen, Kopftücher! All diese Maßnahmen nützten aber gar nichts. Genau wie die Töchter von Tante Martha musste auch Mutti die Erfahrung machen, dass die Russen sich die Frauen holten, wie sie sie gerade haben wollten.

Da es einfach unerträglich war, weiterhin in dem dunklen Keller zu hausen, kamen die Frauen unserer Gruppe auf die Idee, ob es nicht doch noch möglich sein könnte, sich dem Kriegsgeräusch nach, das immer noch aus der Ferne zu hören war, bis zu den Fronten der deutschen Soldaten durchzuschlagen.

Welch eine Idee! War es uns doch vorher nicht gelungen, auch nur einen Schritt aus der Umklammerung der Russen aus der Stadt hinaus zu geraten, aber die Angst bewirkte wahrscheinlich, dass wir nicht mehr klar dachten. Wir meinten, es müsste doch ein Schlupfloch geben, durch das man entfliehen könnte.

Mutti sagte: „Es nützt gar nichts, wenn wir hier im Keller bleiben, es gibt nichts zu essen, wir Frauen müssen Fürchterliches über uns ergehen lassen, also können wir ebenso gut versuchen, hier rauszukommen." Tante Martha und Frau Hühn waren auch dieser Meinung, und so machte sich unsere Gruppe, die jetzt zwölf Menschen umfasste, weil Papa nicht mehr dabei war, auf den Weg, um eine Möglichkeit zu suchen, wieder in feindfreies Gebiet zu gelangen.

Wir kamen nur sehr langsam voran, eine Orientierung besaßen wir kaum. Die Straßen waren zerstört, wohin ging die eine oder die andere Richtung? Wir übernachteten in einem Gartenlaubenhäuschen, das wir auf unserem Wege fanden. Inzwischen war der Hunger groß geworden, wir hatten nichts zu essen. Zu finden war in den verlassenen Gartenlauben auch nichts. Es gab nichts zu trinken. Die Wasserleitungen funktionierten nicht mehr, und Pumpen fanden wir nicht. Wenn wir aber eine einsatzbereite Wasserpumpe entdeckten, wurde das Wasser so getrunken, wie es aus der Pumpe kam, ohne Abkochen, ohne irgendeinen Zusatz. Grete konnte ihren Säugling nicht stillen, sodass auch diesem winzigen Wesen nur das kalte, ungekochte Wasser eingeflößt wurde.

Wir verzweifelten nun völlig, nirgendwo war eine Möglichkeit weiterzukommen. Irgendwie hatten wir das Gefühl, dass die Welt mit Brettern vernagelt sei, wir kamen nirgendwo durch. Wir entschlossen uns, wieder direkt in die Stadt zurückzuwandern, dort war die einzige Möglichkeit, sich noch in irgendeinem Keller zu verkriechen, um ein Dach über dem Kopf zu haben. Die Weitläufigkeit der Stadt gab zwar viele Möglichkeiten für Verstecke, in denen man aber aus Angst, dass sie doch mehr oder weniger schnell entdeckt würden, nie länger blieb. Überall leere Häuser, fast keine Menschen, es war gespenstisch wie in einer Geisterstadt. Was sollten wir bloß tun? Ich war inzwischen auch so hungrig und müde, dass ich manchmal meinte, dies alles nur zu träumen. Irgendwann müsste ich doch aufwachen und kuschelig in meinem Bett im Thornschen Weg liegen! Dann würde ich nach Mutti rufen, die mir bestimmt gleich etwas zu essen bringen würde.

Aber ich wachte nicht auf, weil ich eben doch nicht schlief, sondern alles Wirklichkeit war!

Auf einer Straße war es wieder einmal soweit, dass wir ein Versteck suchten. Wir gerieten dabei in ein großes Gebäude, das aber völlig leer war. Es stellte sich heraus, dass es sich um eine Bank handelte. Auf dem Fußboden lagen die ganzen Geldnoten verstreut, wir wateten also direkt in Geld, das sicher einen ungeheuren Wert hatte. Aber was interessierte uns denn Geld, Scheine, die man nicht essen konnte, für die man nichts kaufen konnte. Es hatte so viel Wert wie Toilettenpapier! Bestimmt war der Nutzen noch geringer, denn für den bewussten Zweck konnte man es nicht einmal benützen! An Geld hatte niemand auch nur für einen Funken Interesse, Hunger war die Devise! Und den konnte Geld nicht stillen!

Gretes Baby hatte ebenso wenig zu essen wie die anderen Menschen, und dass ein so winziges Menschlein nicht nur von ungekochtem Wasser leben konnte, war klar. Es dauerte nur ein paar Tage, und der Kleine starb. Es war Tante Martha, die den Leichnam in irgendeinem Vorgarten eingrub. Somit waren wir nur noch elf Personen!

Wir waren also wieder auf dem Weg „nach Hause", es hatte keinen Zweck, noch weiter einen Durchschlupf zu den deutschen Soldaten zu suchen, es gab keinen Ausweg mehr. Eigentlich war uns das wohl auch schon klar gewesen, als wir den Versuch des Ausbruchs aus dieser Hölle unternommen hatten. Aber die Hoffnung, der Roten Armee doch wieder entfliehen zu können, war so groß gewesen, dass alle vernünftigen Gedanken uns verlassen hatten. Wir konnten es einfach nicht kapieren, dass es keine Flucht mehr gab, wir hörten doch aus der Ferne immer noch Kanonendonner, da mussten doch deutsche Truppen sein! Welch ein Trugschluss, Danzig war bereits völlig in russischer Hand.

Auf dem Rückweg übernachteten wir in einem ehemaligen Stadttor, das war ein großer Tordurchlass, der von beiden Seiten mit einer Tür verschlossen werden konnte, sodass ein Innenraum entstand. Bei Dunkelheit durften keine Menschen mehr auf den Straßen sein, und so suchten alle eine Unterkunft. Wie sich in der Nacht herausstellte, war diese Behausung die reinste Falle! Hier waren so ungefähr einhundert Frauen und Kinder vor der Dunkelheit untergeschlüpft. Nur war es so, dass anschließend von den Russen das zweite Tor ebenfalls geschlossen wurde, sodass keiner wieder raus konnte. Wir kampierten auf dem nackten Fußboden, etwas anderes gab es in so einem Torweg ja nicht. Nachts erschienen die Russen mit Laternen in den Händen und suchten sich die Frauen raus; das nun so wohlbekannte „Frau komm" ertönte wieder und wieder, und schon waren sie mit den Frauen weg. Mutti, Grete und Martha waren die ganze Nacht unterwegs.

Als Mutti gegen Morgen wiederkam, sagte sie zu Tante Martha: „Das war die Hölle, ein Russe war noch gar nicht von mir runter, da riss ihn schon der nächste weg, um selbst dranzukommen. Ich kann nicht mehr, ich glaube, ich gebe jetzt auf!"

Als es Tag wurde und wir aus dieser Torfalle wieder entfliehen konnten, begegneten wir mehreren russischen Offizieren. Mutti rannte der Gruppe nach und schrie den Offizieren zu, was die Russen mit den Frauen gemacht hätten. Die Offiziere starrten sie entgeistert an, weil es ihrer Meinung nach an Selbstmord grenzte, wenn sich eine deutsche Frau mit solcher Vehemenz an die russischen Offiziere wandte. Aber die Nacht war für die Frauen so grauenvoll, dass es überhaupt keine Rolle mehr spielte, ob sie ihr Leben riskierten oder was sonst noch geschah. Der eine Offizier konnte einigermaßen deutsch verstehen und auch etwas sprechen. Er sagte zu Mutti, ob sie denn wüsste, was die deutschen Männer mit den russischen Frauen gemacht hätten. Das wäre auch nicht anders gewesen, und so hätten die russischen Soldaten nun nur eine Revanche geübt, auch wenn es eigentlich schon verboten wäre.

Die Vergewaltigungen waren ja keine Einzelfälle, sondern Massenvergehen an der weiblichen Bevölkerung. Die Russen sahen diese Art der Vergeltung offensichtlich als eine ihnen zustehende Siegerprämie an, die von den obersten Stellen zugestanden und geduldet wurde. Die Schändung der Frauen war ein regelrechter Racheakt an Wehrlosen. Der sogenannte „Freibrief, den die kämpfende Truppe nach unserer Meinung sicher gehabt hatte, war inzwischen eingeschränkt, wenn nicht sogar verboten. Aber wo kein Kläger war, war auch kein Richter. Denn wer wagte schon, gegen die Sieger aufzumucken. Jedenfalls stieß der Offizier

Mutti weg und ging weiter. Morgens, nach dieser entsetzlichen Nacht war Mutti mit den Nerven so am Ende, dass ihr selbst auch so ziemlich egal war, was für Folgen diese Attacke auf den Offizier hätte haben können. Es gab eben Augenblicke im jetzigen Leben, da konnte man einfach nicht mehr an die Folgen denken, die irgendeine Äußerung oder Tat nach sich ziehen könnte.

Jedenfalls versuchten wir nach dieser Episode des Herumirrens nun wieder in unser Haus zu gelangen. Das Haus stand noch genauso da, wie wir es vor ein paar Tagen verlassen hatten. Es war nur noch mehr geplündert, aus den meisten Wohnungen waren sogar die Möbel entfernt worden, der Rest war demoliert. Wir fanden dann aber im Parterre eine Wohnung, in der schon einige Frauen und Kinder zusammengekrochen waren. Und da viele Menschen auf einem Haufen ein Gefühl der Anonymität gab, gesellten wir uns dazu. Es war so, dass wir meinten, wenn da viele Menschen sind, würde einem persönlich nicht so schnell etwas passieren. Also reiner Egoismus, der das Handeln diktierte. In unsere eigene Wohnung trauten wir uns nicht rein, zum einen war sie von Russen oder Polen verschlossen worden, und zum anderen hatten wir auch Angst, uns dort wieder niederzulassen. Warum zogen wir eigentlich immer wieder in unser ehemaliges Wohnhaus? Es war wohl unser einziger Bezugspunkt, wohin sonst hätten wir sollen?

Wir lagerten in dieser Parterrewohnung mit den vielen anderen Leuten zusammen und hofften nur, von den Russen endlich in Frieden gelassen zu werden. Aber das war ein Trugschluss. Im Laufe des Nachmittags, kaum dass wir uns hier eingefunden hatten, kam ein russischer Offizier hereinspaziert, geschlossene Türen gab es ja nicht, und inspizierte unser Häuflein. Er verschwand wieder, ohne einen Ton zu sagen oder irgendeine Absicht laut werden zu lassen. Grete, die eine gute Figur hatte und außerdem über naturblonde, sehr helle Haare verfügte, war leider immer wieder ein Angelhaken für die Russen, denn auf blond waren sie besonders scharf. Die beiden anderen Töchter von Tante Martha hatten diese naturblonden Haare nicht.

Abends kam prompt ein russischer Soldat des Mannschaftsgrades und wollte Grete holen, und zwar wohl für diesen bestimmten Offizier, der nachmittags eine „Fleischbeschau" vorgenommen hatte! Wir ahnten, das schon, und Grete versuchte sich in der Gruppe zu verstecken, sodass es aussehen sollte, als wäre sie nicht mehr bei uns. Aber das ergab ungeahnte Folgen! Der Russe war von seinem Offizier offensichtlich beauftragt worden, auf Gedeih und Verderb diese bestimmte blonde Frau zu holen, und er konnte sich nicht vorstellen, ohne Grete wieder abzuziehen. Jedenfalls artete dieses Versteckspielen so aus, dass der Soldat sich zwei kleine Kinder schnappte und damit drohte, sie zu erschießen – was ohne weiteres geschehen wäre! –, wenn Grete nicht mitkommen würde.

Bei dieser Gelegenheit stellt sich heraus, dass sich fast jeder Mensch in Notsituationen immer selbst am nächsten ist und keinen Gedanken daran verschwendet, was mit seinen Mitmenschen passiert. Jedenfalls war es so, dass die anderen Frauen ihrerseits nun Grete zwangen, mit dem Russen zu gehen, um das Leben der bedrohten Kinder zu schützen. Wir wussten eben auch, dass dieser Russe es sehr schnell fertig gebracht hätte, ein Kind zu töten, nur um nicht den Zorn seines Vorgesetzten zu erregen.

Gretes drei Kinder – das kleinste hatten wir schon begraben – schrien entsetzlich, als Grete von dem Russen mitgeschleift wurde. Die Frauen, die eben noch selbst wie wilde Tiere Grete hervorgezerrt hatten, versuchten die Kinder (zwei Jungen und ein Mädchen) zu beruhigen. Aber es gelang ihnen kaum, denn keines der Kinder war älter als sechs Jahre, sodass sie auf Zureden nicht hörten und nicht zu trösten waren. Das Geheule, in das nun auch die anderen Kinder, die noch mit uns zusammen waren, einstimmten, zerrte enorm an den Nerven.

Nach langer Zeit kam Grete zerzaust und aufgelöst zurück. Die Kinder umarmten sie und waren froh, ihre Mutter wieder bei sich zu haben. Aber Grete war völlig abwesend und streichelte ihre Kinder nur rein mechanisch. Was machten diese Soldaten aus den Frauen? Sollte dieser Schrecken nie ein Ende haben?

Irgendwie trieb uns die Angst aber wieder aus dem Haus, und wir versuchten, ein anderes Unterkommen zu finden. Und dieses ergab sich in einer Nebenstraße, nämlich in der Grabengasse. Dort in einem Keller waren bereits mehrere Familien zusammengerückt, das heißt, sie versuchten auch wieder einmal, sich zu verstecken. Wir erwischten mit unserer gesamten Gruppe ebenfalls ein Eckchen in diesem Keller und vegetierten mit ungefähr fünfzig Personen in zwei Kellerräumen. Nachts wurden die beiden Türen zum Kellergang hin von innen mit Brettern verrammelt, um zu verhindern, dass herumstreifende Russen durch Zufall unser Versteck fänden. Wenn sich draußen irgendetwas rührte, wurde den Kleinkindern sogar der Mund fest zugehalten, es durfte kein Schrei oder Geräusch nach draußen dringen. Das funktionierte natürlich nicht zu jeder Zeit und Stunde. So blieb es nicht aus, dass wir doch entdeckt wurden, und zwar am Tage. Allerdings taten die Soldaten uns unverständlicherweise nichts. Aber nachts kamen sie dann und brachen die Türen auf und gingen laut lachend durch die verängstigte Menge und leuchteten uns mit Taschenlampen oder brennenden Kerzen ins Gesicht und hatten dabei einen Riesenspaß, wenn alle weinten und Todesangst ausstanden.

Wir lagerten zum Teil auf dem nackten Fußboden, auf den nur ein paar Decken, die wir gefunden hatten, gelegt wurden. Wir Kinder konnten zum Teil in aufgestellten Etagenbetten aus der Luftschutzzeit her mit mehreren in einem Bett liegen.

Und hier kam dann für mich ein kleines Wunder zustande! Ich war bis zu diesem Zeitpunkt Bettnässer gewesen. Diese Krankheit hatte mir in der Vergangenheit sehr zugesetzt, sie war auch der Hauptgrund dafür gewesen, dass wir nicht ins Kinderlandheim gingen, sondern nach Zollbrück. Die anderen Kinder hätten mich wegen dieser Sache doch ewig gehänselt, ich wäre jeden Abend mit Zittern und Zagen ins Bett gegangen, hätte nur immer Angst gehabt, das Bett zu nässen.

Aber nun ganz plötzlich, aus heiterem Himmel, von einer Nacht zur anderen war ich geheilt, der Strohsack blieb trocken!

Was hatten meine Eltern früher alles versucht, um dieses Leiden abzustellen, aber vergeblich, es passierte immer wieder. Geheilt durch seelischen Schock? Wie auch immer, dieses vielleicht auf seelischer Basis beruhende „Aufbegehren" war für immer verschwunden.

Inzwischen stellte sich heraus, dass es Mutti sehr schlecht ging. Es fing mit einer Erkältung an, die sich so sehr ins Negative veränderte, dass sie kaum noch schlucken konnte, es war eine ausgewachsene Mandelvereiterung oder so etwas ähnliches. Es gab keine Medikamente, um irgendwie helfen zu können, wir hatten ja nicht einmal etwas zu essen oder zu trinken. Mutti hatte auch so viel Lebensmut verloren durch all die Geschehnisse der letzten Tage und Wochen, dass diese Krankheit sie jetzt völlig umwarf. Es ging sogar soweit, dass sie Tante Martha bat, sich um Helga und mich zu kümmern, wenn sie sterben würde.

Sie sagte: „Tante Martha, wenn ich nun nicht wieder gesund werde, wirst du dann versuchen, Helga und Gitta nach Stettin zu den Großeltern zu bringen?" Muttis Mutter war nämlich Tante Marthas Schwester. Tante Martha hatte ihre drei Töchter und die drei Enkel bei sich, da spielte es keine Rolle, wenn sie sich auch noch um uns würde kümmern müssen, denn Helga war neun Jahre alt und ich dreizehn, sodass sie keine kleinen Kinder zu betreuen hätte. Aber was sollte werden, wenn Mutti wirklich starb? Papa war schon nicht mehr bei uns, und wir wussten auch nicht, ob wir ihn je wiedersehen würden, mussten wir dann alleine bleiben? Diese Gedanken schwirrten in meinem Kopf herum, ich war völlig verzweifelt.

Die Hungersnot war fürchterlich, wir hatten keinen Bissen, und die Russen gaben uns nichts. Es konnte zwar vorkommen, dass plötzlich in einer Trümmerecke ein russischer Lastwagen stand, der von der Ladefläche aus Brote an die Bevölkerung verteilte. Aber kein Mensch wusste, wann, wo und zu welcher Zeit so etwas passieren würde. Viele Menschen waren bereits vor Hunger gestorben, sie wurden dann sang- und klanglos in irgendeiner Gartenecke eingekuhlt. Und weil inzwischen fast nur noch Frauen und Kinder in primitiven Unterkünften „lebten" und die Frauen außerdem immer noch Angst haben mussten, dass sie von den Russen missbraucht wurden, war die Situation immer schlimmer geworden.

Mutti war fast nicht mehr ansprechbar, und ich sagte eines Tages zu Frau Hühn, die immer bei uns geblieben war: „Ich gehe jetzt weg, ich kann nicht mehr in diesem Keller hocken. Vielleicht finde ich irgendwo etwas Essbares. Und wenn ich nicht wiederkomme, braucht ihr auf ein Kind weniger aufzupassen!"

Ich marschierte also aus dem Keller, guckte erst einmal nach, ob die Luft rein war und ich aus dem Hause ungesehen verschwinden könnte; kein Russe war zu erblicken, ich ging los. Draußen auf den Straßen schlichen die Leute müde und langsam herum, es kümmerte sich niemand um den anderen. Ich lief durch die Weidengasse, die vom Thornschen Weg abzweigte, versuchte in kaputte Häuser reinzukommen und nach Lebensmitteln zu suchen, aber ich fand nichts. Dabei kam ich dann ein paar Straßen weiter an einer alten ausgebombten Konservenfabrik vorbei. Das Tor war verschlossen, aber davor stand eine Menschenmenge, die auf irgendetwas wartete. Ich wurde neugierig und ging auf einen Jungen zu, der sich aber sofort von mir abwandte und unwirsch bellte:

„Lass mich bloß in Ruhe!"

Aha, hier musste etwas Besonderes zu erwarten sein, war mein erster Gedanke. Eine alte Frau teilte mir dann aber doch mit, dass dort hinter dem Tor in der zerstörten Lagerhalle noch massenweise Konserveneimer lagen: Diese Eimer sollten zum Teil leer und zum Teil noch gefüllt sein. Jedenfalls wurde das von einigen Leuten behauptet. Sie hätte das gehört und wollte nun versuchen, von diesen Konserven ein paar zu erwischen. Aber es sollte nicht ungefährlich sein, denn die Soldaten würden immer wieder irgendetwas Grausames tun, das müssten wir aber in Kauf nehmen, wenn es nur etwas zu essen gäbe. Ich blieb neben der Frau stehen. Die Russen erlaubten sich folgenden Scherz: Sie öffneten das Tor, machten durch Gesten den Menschen klar, dass sie zehn Minuten in dieser Lagerhalle stöbern dürften, und dann mussten sie wieder verschwunden sein. Es wurde uns Gelegenheit gegeben, zwischen den vollen und leeren Konservenbehältnissen zu wühlen und eventuell das Glück zu haben, einen vollen Eimer zu ergattern. Nur, wer wusste denn, wann diese zehn Minuten vorbei waren? Eine Uhr besaß doch niemand mehr. Ich stürmte mit der Menge zusammen los. Es war fürchterlich, jeder versuchte den anderen wegzudrängen. Ich stolperte über Blecheimer, es war ein irrer Krach und Lärm, denn wir mussten zwischen den vielen Eimern ja die vollen herausfinden. Und ich hatte das unwahrscheinliche Glück, zwei Eimer, jeweils Zehn-Liter-Gefäße, zu finden, die voll waren. Womit? Das war völlig uninteressant, die Hauptsache war, dass diese Eimer gefüllt waren, und das bedeutete etwas Essbares! Die Überraschung sollte erst später kommen, wenn ich die Eimer heil nach Hause bekäme, das heißt, wenn ich sie unterwegs gegen andere verteidigen konnte.

Nachdem ich also mit meinen zwei Gefäßen auf den Armen wieder zum Ausgang strebte, passierte einfach Schreckliches. Die gewährten zehn Minuten waren offensichtlich abgelaufen. Die Russen benutzten die Menschen, die noch innerhalb dieser Lagerhalle waren, als Zielscheiben, sie schossen ganz einfach mitten in die Menge! Ob sie Kinder oder Frauen trafen, war ihnen völlig egal, sie hatten ihr Vergnügen. Es gab schrille Aufschreie, es mussten auch Menschen getroffen worden sein. Aber niemand drehte sich um, jeder wollte diesem Entsetzen entfliehen, auch ich dachte nur daran rauszukommen. Ich war nicht getroffen worden, ich konnte noch laufen und hatte reiche Beute gemacht. Ob unser Verhalten noch menschlich war, das zu beurteilen waren wir nicht in der Lage. Wir sahen nur, dass es dort etwas zu essen gab, die Gefahr rangierte nach all diesen schrecklichen Todesangsttagen schon fast an zweiter Stelle. Und jeder war sich selbst der nächste!

Mir gelang es jedenfalls, das Gelände rechtzeitig zu verlassen und die vollen Eimer in Sicherheit zu bringen. Ich trug den einen Eimer quer auf beiden Armen, und den zweiten Eimer rollte ich wie ein Fass mit den Füßen vor mir her. Wie schwer das für ein dreizehnjähriges Mädchen war, das ebenfalls vor Hunger fast umfiel, ist eigentlich kaum zu beschreiben. Nach unendlich langer Zeit mit sehr viel Geschrei und Verteidigen dieser Kostbarkeiten gegen andere Kinder, die mir zumindest ein Gefäß wegreißen wollten, gelang es mir endlich, unseren Wohnkeller zu erreichen.

Unsere aus elf Personen bestehende Gruppe gierte so sehr danach, die Eimer zu öffnen, dass es den Eindruck erweckte, dass dieses Benehmen wohl kaum noch etwas Natürliches an sich hatte! Ein Eimer enthielt … Sauerkraut! Wie gesagt, Sauerkraut, die Wirkung war entsprechend! Wir hatten ja nichts im Magen, seit Tagen nur winzige Kleinigkeiten, die wir irgendwo gefunden hatten. Und nun diese Sauerkonserven, die Folgen waren verheerend. Aber dieses saure Zeug bewirkte auch, dass Muttis Halsschmerzen sich später besserten, offensichtlich wurden einige Bakterien damit abgetötet. Es trat jedenfalls eine Linderung der Beschwerden ein, die sehr langsam voranschritt. So bedeuteten diese sauren Konserven unter Umständen die Rettung.

Wenn auch die Kämpfe zu Ende waren, flackerten doch immer wieder neue Brände auf, die niemand löschte oder löschen konnte, weil es kein Wasser gab. Diese Brandherde mussten aus mutwilligen und vorsätzlichen Erwägungen heraus gelegt worden sein, denn die eigentlichen Kampfhandlungen waren schon längst beendet. Wer und warum dann später die noch unbeschädigten Häuser in Brand setzte, war uns nicht bekannt.

Da es keine reguläre Wasserversorgung mehr gab, war es sehr schwierig, überhaupt noch Wasser zu bekommen. Ein paar Straßen von unserem Domizil in der Grabengasse entfernt stand eine schöne alte Wasserpumpe mit einem großen, hübsch geformten Schwengel. Es war aber klar, dass man dort nicht zu jeder Zeit und Stunde pumpen durfte, das war alles eingeteilt. Wir stellten uns zum Teil bereits in den frühesten Morgenstunden an, so an die zweihundert bis dreihundert Leute warteten darauf, dass die Russen die Wasserpumpe freigaben. Denn die Soldaten bewachten diese Wasserstelle. Ich stand voller Angst mitten unter den anderen Leuten. Was konnte während dieser Wartezeit wieder alles passieren! Mit anderen Kindern unterhielt ich mich und versuchte gleichzeitig herauszufinden, wo wohl irgendwelche Lebensmittel noch zu finden wären. Aber das verriet natürlich keiner, hier standen wir nur, um Wasser zu erhalten. Wenn man Glück hatte, war man der stolze Besitzer irgendeines Wassereimers, wenn nicht, hatte man eben nur sehr kleine Gefäße, um darin das kostbare Nass zu transportieren. Aber dies war die einzige Möglichkeit, sich mit Trinkwasser, das allerdings auch gleichzeitig als Waschwasser dienen musste, zu versorgen. Während wir die Stunden an der Pumpe warteten, waren die Angehörigen immer in Sorge, ob wir auch zurückkommen würden, denn so selbstverständlich war das noch lange nicht. Es gab aber eigentlich gar nicht so viel Wasser, dass wir davon auch noch hätten Wasser zum Waschen abzweigen können. Reinigung war schon lange nicht mehr richtig möglich. Wir saßen inzwischen voller Kopf-, Filz- und Kleiderläusen. Diese Tiere waren eine grausame zusätzliche Belastung, vernichten konnten wir sie gar nicht, nur versuchen zu reduzieren. Es war an der Tagesordnung, dass wir uns hinsetzten, die Kleidungsstücke nach und nach auszogen und in den Nähten – dort setzten sich nämlich die Läuse fest – nach den Viechern suchten und sie zwischen beiden Daumennägeln zerdrückten. Aber es waren so viele Eier gelegt, dass wir jeden Tag wieder und wieder voll zu tun hatten. Kopfläuse und bei manchen Leuten eben auch Filzläuse waren gar nicht in den Griff zu bekommen, wir sahen keine Möglichkeit, uns mit irgendwelchen Mitteln dieser Plage zu entledigen. Wasser war sehr knapp, wir konnten uns nicht täglich waschen, und das bedeutete für die Läuse die reinste Brutstätte.

Nachdem wir einige Tage in dem Keller gehaust hatten, wurde ausgekundschaftet, dass es im gleichen Hause im obersten Stockwerk eine Wohnung gab, in die wir einziehen konnten. So bot sich uns zumindest die Gelegenheit, aus dem feuchten und kalten Keller herauszukommen. Mit ungefähr vierzig anderen Leuten zogen wir in drei Zimmer. In den Fenstern waren keine Scheiben mehr, und wir suchten uns in anderen verlassenen Wohnungen Bilder, von denen wir das Glas entfernten und dann, verbunden mit Holzlatten, vor unseren Fenstern eine Art Fensterscheibe bauten. Mutti hatte sich inzwischen wieder soweit erholt, dass sie anfing, tatendurstig zu werden. Sie sagte zu mir und Frau Hühn: „Kommt mit, wir werden jetzt versuchen, ob wir noch irgendetwas aus unserer Wohnung holen können, vielleicht ist sie ja offen." Wir stellten fest, dass die Wohnung nicht mehr abgeschlossen war. Wir schlichen vorsichtig in den Korridor, und Frau Hühn konnte nur flüstern: „Ganz leise sein", als wir plötzlich ein Geräusch hörten. Wir standen mucksmäuschenstill, weil nicht zu definieren war, woher der Laut kam. Nachdem aber nichts weiter geschah, tasteten wir uns in das Wohnzimmer und sahen, dass eine andere Tür sich leise knarrend im Luftzug bewegte.

Wie sah die Wohnung bloß aus! Sämtliche Schränke waren aufgemacht, die Schubladen herausgerissen, alles lag durcheinander. Aber eigentlich nur noch Wertloses, das wir gar nicht mehr gebrauchen konnten; für unsere derzeitigen Bedürfnisse war nichts mehr vorhanden. Das Herrenzimmer bot ebenfalls einen trostlosen Anblick.

„Mutti, da können wir aber was Tolles mitnehmen", sagte ich.

„Was denn?"

„Na siehst du denn nicht, da liegt doch noch der Teppich!"

Erst dann kapierte sie, was ich damit meinte. Jedenfalls „stahlen" wir aus unserem eigenen Herrenzimmer den Teppich, der wunderschön in den Farben war, aber den größten Vorteil für unsere jetzigen Zwecke bildete die Teppichdicke! Wir schleppten also dieses schwere Geschütz aus dem Haus über die Treppen zu unserem neuen Domizil. Dort schnitten wir den Teppich in der Mitte auseinander und hatten prima Ersatztüren, damit war ein wenig Schutz vor der Zugluft geschaffen worden.

Das Zusammensein auf diesem engen Raum war zermürbend; alle Menschen besaßen nur noch ein faserdünnes Nervenkostüm, das bei jeder Gelegenheit zerriss. Es war auch so, dass wir fast alle in dieser Wohnung an Ruhr litten, die Toiletten waren unbenutzbar, weil die Wasserleitungen nicht funktionierten. So konnte es passieren, dass die Leute gar nicht mehr die Treppen runter auf den Hof kamen, sondern sich einfach auf die defekte Toilette hockten. Was dabei herauskam, war unbeschreiblich, der Gestank wurde grauenvoll! Waschmöglichkeiten waren fast nicht vorhanden, sodass, wenn die Unterwäsche schmutzig war, diese eben auch schmutzig blieb. Wäsche zum Wechseln besaß niemand mehr.

Jeder war in irgendeiner Form immer unterwegs und versuchte etwas Essbares zu finden. Ich lief eines Tages auf der Nahrungssuche über eine nahegelegene Straße. Da kam ein russischer Pferdewagen mit ein paar Soldaten drauf an mir vorbei. Ich war sofort wieder voller Angst und wollte schon wie der geölte Blitz absausen, da riefen mich die Russen, und das bedeutete, Weglaufen war nun gefährlicher als Stehenbleiben. Es passierte Folgendes: Die Russen beguckten mich von oben bis unten und stellten wohl fest, dass so ein dünnes, mager aussehendes Kind großen Hunger haben müsse. Sie reichten mir ein Paket mit belegten Schnitten. Es war kaum vorstellbar, welch eine Kostbarkeit mir da beschert wurde. Dann zuckelten sie mit ihrem Wagen weiter, und ich wusste immer noch nicht, ob es Traum oder Wirklichkeit war, was ich da eben erlebt hatte.

Der Anblick von diesem Brot war so überwältigend, dass ich mich wie ein hungriger Wolf darauf stürzte und sofort eine Stulle verdrückte. Aber ich konnte gar nicht so schnell und so viel essen, wie die Augen gerne wollten, ich war das Essen ja nicht mehr gewohnt. Also entschloss ich mich, den Rest mit nach Hause für Mutti und Helga zu nehmen. Dies war eine völlig falsche Entscheidung, denn einige Straßen weiter wurde ich von einem anderen Soldaten kontrolliert, der mir dann auch prompt das Brot wieder abnahm! Ich heulte wie ein Schlosshund, dass nun alles weg war und nicht lieber in meinem Magen lag.

Die Russen waren teilweise zu naiven und plötzlichen Handlungsweisen fähig, die ganz schnell in Brutalitäten ausarteten. Die Unberechenbarkeit im Verhalten der Soldaten war erschreckend;

es wurden immer die entsetzlichsten Repressalien erwartet, da die Männer auch meistens betrunken waren. Die Gutmütigkeit einzelner Russen gegenüber Kindern oder Müttern stand im seltsamen Kontrast zu den manchmal grausamen Ausschreitungen. Das war mir nun auch hier wieder widerfahren, einer gab, die anderen nahmen.

Helga war nicht gerade faul bei der Nahrungssuche. Sie kroch mit ihren fast zehn Lebensjahren immer irgendwo herum, und eines Tages fand sie in einem Keller etwas Mehl – so meinte sie. In der Wohnung stand ein alter Küchenherd, der mit fester Feuerung beheizt werden konnte. Wir rührten also dieses „Mehl" zusammen mit etwas Wasser und noch einigen anderen Zutaten an, und das Brot wurde im Ofen gebacken; es stellte sich bald heraus, dass der größte Anteil dieses „Brots" aus Gips bestand, denn das gefundene Mehl war gar keins, jedenfalls war ein großer Anteil Gips dabei. So etwas konnte eine ganz logische Erklärung haben. Wahrscheinlich wurden in dem Keller, in dem Helga das Mehl aufstöberte, Mehl und Gips aufbewahrt, sodass wir jetzt die richtige Mischung hatten!

Helga entdeckte auch eines Tages Korn, das in einer verbrannten Kellerruine lag. Das hatte dort wohl jemand gehortet gehabt. Jedenfalls war es essbar, ob verbrannt oder nicht. Wir mahlten das Korn mit einer alten Kaffeemühle, und anschließend wurde es gebacken. Es war nach unserer Vorstellung vorzüglich gelungen, es sah zwar schwarz aus durch die Verbrennung, aber es war brotähnlich und schmeckte!

Wovon lebten wir eigentlich noch? Die Leute sahen alle aus, als wären sie Todesgespenster. Nichts zu essen, dann die leidige Ruhr, wir krochen alle ziemlich lahm und kraftlos herum. Es passierte auch, dass sich jemand hinlegte zum Schlafen und nicht wieder aufwachte, die Erschöpfung hatte sich wieder ein Opfer geholt. Aber Trauer kam bei den wenigsten auf. Es bedeutete für manchen dann, dass er die karge Essensration für sich behalten konnte und nicht mehr teilen musste.

Inzwischen waren nicht nur Russen in der Stadt, sondern auch Polen, die genauso fürchterlich hausten wie zuvor die Russen. Die polnische Miliz mit ihren viereckigen Mützen war sehr schnell verhasst. Allerdings herrschte zwischen Russen und Polen in irgendeiner Form eine gewisse Rivalität, denn beide Parteien wollten die noch in Danzig existierende Bevölkerung ausrauben und ausbeuten. Aber wenn es den Russen möglich war, einen Polen bei irgendeiner verbotenen Tat zu erwischen, dann gingen sie nicht gerade zimperlich mit ihm um. Eines Tages hatte sich ein Pole in eine Wohnung in unserem Haus geschlichen und plünderte. Die Leute schrien um Hilfe, die Russen hörten das und machten Jagd auf den Mann.

Der, wahrscheinlich von Angst geschüttelt, rannte auf den Boden und von da aus auf das Dach. Von dort wollte er weiterflüchten, aber die Russen schrien ihn an, dass er runterkommen solle, das entnahmen wir jedenfalls aus der Art des Tones, aber der Pole rannte weiter. Das schossen die Russen auf den Mann, der zusammenbrach und später abtransportiert wurde.

Lotte und Martha waren ebenfalls ständig unterwegs auf Nahrungssuche; es wurde immer schwieriger, irgendwo irgendetwas zu finden. Wir begaben uns dann mit vier oder fünf Personen aus unserer Gruppe mal wieder auf Nahrungssuche. Grete blieb mit ihren drei kleinen Kindern zurück, ebenso Tante Martha. Frau Hühn kam mit uns.

Da es in der Stadt absolut nichts mehr zu essen gab, versuchten wir ein bisschen vor die Stadt zu gelangen. Man hatte uns erzählt, dass es dort hinter den Wallanlagen irgendwo Rüben- und Kartoffelmieten gäbe. Wir hofften, diese zu finden und damit wieder einmal ein Stück Lebensmittel mehr zur Verfügung zu haben.

Wir irrten ziemlich lange in der Gegend herum und konnten diese kostbaren Rüben oder Kartoffeln nicht finden. Der Zufall bescherte uns etwas viel Größeres! Wir begegneten einem russischen Soldaten, der auf einem Pferd ritt. Das Tier war sehr störrisch, der Russe fluchte und schrie. Offensichtlich musste das schon längere Zeit so gegangen sein, denn der Russe schien völlig außer sich vor Wut, zog plötzlich eine Waffe und erschoss das Pferd. Ließ es liegen und ging weg. Wir standen wie erstarrt.

Der ließ das Tier liegen? Das konnte doch wohl nicht möglich sein. Zuerst waren wir über diesen Wutausbruch sehr verängstigt und hielten uns weiterhin in sicherem Abstand, denn was der wütende Reiter noch anstellen würde, konnten wir nicht wissen. Eine Weile blieben wir in Obachtstellung, ob der Soldat wohl zurückkäme, aber nein, nichts passierte.

Mutti sagte: „Lasst uns noch eine Zeitlang warten, wenn der weiter weg ist, machen wir uns über das Pferd her!" Sie hatte ein kleines Damentaschenmesser bei sich, so hübsch mit Perlmutt verziert. Der Russe entfernte sich immer weiter weg und schimpfte und torkelte, er war ganz offensichtlich betrunken. Als er außer Sicht war, gab es kein Halten mehr.

Ich sagte: „Mutti, nun ist er weg, jetzt können wir rangehen."

Sie stürzte sich auf den Kadaver und säbelte mit dieser Winzigkeit von Messer an dem Tier herum, versuchte das Fell aufzuschneiden und an das Fleisch zu kommen. Dieses ganze Manöver war natürlich noch von anderen Leuten beobachtet worden, und als wir uns nun mit dem toten Vieh beschäftigten, kamen auch die anderen herbei, die alle mit an dem Tier herumschnitten, jeder versuchte ein Stück Fleisch zu ergattern.

Leider ging das alles sehr mühselig und langsam vonstatten. Das Messer war viel zu klein, als dass es möglich gewesen wäre, so richtig an das Fleisch zu kommen. Aber plötzlich konnte Mutti unten am Bauch des Pferdes die Haut durchschneiden und kam somit auch an die Innereien heran, die sich sehr viel leichter herausholen ließen. Man kann sich gar nicht vorstellen, welch eine blutige Angelegenheit das war. Ich ekelte mich zuerst ganz entsetzlich, als Mutti so mit beiden Armen in diese blutige Masse hineingriff und alles Mögliche herauszog. Auf meinen leeren Magen, den ich wie alle anderen hatte, legte sich eine Übelkeit, die schlimm war. Mutti drehte sich nur kurz um und kommandierte:

„Komm und hilf mit, zum Spucken ist jetzt keine Zeit."

Nachdem fast alle Gefäße, die wir für die Rüben mitgenommen hatten, gefüllt waren, gingen wir schwer bepackt wieder nach Hause. Es war ein langer Weg, denn die Last wurde mit jedem Meter schwerer. Wir wechselten uns beim Tragen ab, jeder wusste ja, dass am Ende des Weges eine Mahlzeit stehen würde, wie wir sie uns in unseren schönsten Träumen nicht hätten vorstellen können. Als wir nach Hause kamen, machten die Zurückgebliebenen große Augen. Tante Martha schlug die Hände über dem Kopf zusammen und meinte ganz entgeistert:

„Mein Gott, Frieda, was habt ihr denn da mitgebracht?"

Mutti war überglücklich, soviel Essbares angeschleppt zu haben, und Frau Hühn meinte, nun würde erst einmal das Kochen losgehen. Ein Fleischwolf war in der Küche vorhanden, und dann ging es daran, dieses Fleisch zum Teil durchzudrehen und Klopse herzustellen. Da wir kein Kochsalz, aber Viehsalz hatten, wurde eben von diesem Viehsalz etwas an die Fleischmasse gegeben. Fett besaßen wir auch nicht, so wurde das Fleisch auf dem Herd gebraten ohne irgendwelche Zutaten. Wir aßen – nein, wir fraßen! – die Klopse so heiß, wie sie vom Herd kamen, in uns hinein.

Der Heißhunger war ungeheuer, der Duft des Gebratenen trieb uns dazu, soviel wie nur möglich in den Mund zu stopfen. Es wurde viel zu hastig, viel zu viel gegessen, der nächste Tag war noch so fern, heute wollten wir den Magen füllen, was morgen geschah, daran dachte keiner. Wir hatten ein ungeheures Behaglichkeitsgefühl. Es war so richtig gemütlich, mit den Verwandten zusammenzusitzen, und keiner sprach viel. Wir waren ganz einfach nur mit dem Essen beschäftigt. Helga erklärte:

„Ich habe noch so viel Hunger, ich esse bis morgen weiter!"

Aber einmal kam der Zeitpunkt, an dem selbst mit aller Gewalt nichts mehr den Hals hinter wollte. Wir waren wirklich randvoll satt. Dieses Gefühl, den Magen so gefüllt zu haben, wurde bald zum Albtraum, denn die Rechnung wurde schon einige Stunden später präsentiert. Wir bekamen fast alle Magen- oder Darmkrämpfe, wir mussten uns übergeben, die Kostbarkeit war also wieder aus dem Magen heraus, und die Ruhr hatte neuen Vorschub erhalten.

Mein Gott, waren wir eigentlich noch Menschen? Warum hatten wir auch so fürchterlich gefressen! Aber selbst die Erwachsenen hatte der klare Verstand verlassen, sie hätten wissen müssen, welche Folgen dieser unmäßige Fleischgenuss bringen musste. Wer aber dachte schon vernünftig angesichts solch prachtvoller Bouletten! Der Hunger war zu groß gewesen.

Helga und ich gingen auch weiterhin häufig auf irgendeine Lebensmittelsuche. Für die Frauen war es nach wie vor immer noch sehr gefährlich, sich auf den Straßen sehen zu lassen, überhaupt als einzelne Person. Ich war glücklicherweise sehr dünn, mehr Gespenst als Mensch und außerdem mit meinen fast vierzehn Jahren noch nicht so richtig als Frau anzusehen. Was allerdings nichts besagte, da auch Kleinkinder von den Russen missbraucht und dabei getötet worden waren. Mütter hatten erleben müssen, wie man ihre kleinen Kinder mitnahm und sie missbraucht und halbtot wiederbrachte.

Da es in den von uns bewohnten Räumen aufgrund der vielen Menschen fast unerträglich war, den ganzen Tag über im Hause zu bleiben, hatte ich mir angewöhnt, Streifzüge durch die Gegend zu unternehmen. Dabei kamen mir immer wieder Gedanken an die kurz zurückliegende Vergangenheit. Welch ein traumhaft schönes Elternhaus hatten wir gehabt; das eigene Kinderzimmer, das fast dreißig Quadratmeter groß gewesen war, erschien mir nun wie ein verlorenes Paradies. Jetzt musste ich unsere derzeitige Behausung verlassen, um überhaupt einmal allein sein zu können. So manche Träne weinte ich ungesehen.

Bei einem dieser Streifzüge traf ich meine ehemalige Schulfreundin Inge. Wir hatten uns lange nicht gesehen, da wir im Frühjahr 1944 von Danzig weggegangen waren. Es gab ein großes Hallo, und das Fragen nahm kein Ende. Inge wollte wissen:

„Sag mal Gitta, ihr lebt ja auch noch, wo seid ihr denn jetzt?"
Ich schluchzte und erwiderte:

„Ach Inge, das ist doch alles so schrecklich. Meinen Papa haben die Russen verschleppt, wir wissen überhaupt nicht, wo er ist. Und wohnen tun wir jetzt in einem Haus in der Grabengasse."

Sie erzählte dann, dass sie mit ihrer Mutter und ihren Geschwistern nun im Langgarten wohnten, auch mit vielen anderen Leuten zusammen. Sie wäre jetzt auf dem Wege zu einer Konservenfabrik, ob ich nicht mitkommen wollte. Da war ich selbstverständlich sofort dabei, denn ich hörte nur „Konserven", also Essbares.

Wir machten uns gemeinsam auf den Weg. Unterwegs sprach uns ein Junge so im Alter von vierzehn oder fünfzehn Jahren an: „Wo wollte ihr beiden denn hin?"

Wir erklärten ihm, wir wüssten, wo noch Konserven liegen, er könne sich uns ja anschließen. Inge flüsterte:

„Du, Gitta, dann haben wir ‚männlichen Schutz'!"

Na, jedenfalls erreichten wir drei dann das Fabrikgelände und stellten fest, dass ein Russe mit einem Gewehr dort auf und ab marschierte, immer um die Halle herum. Wir warteten ab, bis er wieder an der Rückseite war, und der Junge wisperte:

„Los jetzt, aber aufpassen, dass ihr keinen Lärm macht."

Wir schlichen uns auf den ausgebombten Lagerplatz, auf dem viele Konserven in völligem Durcheinander herumlagen. Wir gingen dabei sehr behutsam zu Werke, weil uns ein Klappern der Blechdosen verraten hätte. Es gelang uns auch tatsächlich, unsere mitgebrachten Netze zu füllen. Wir wollten dann ebenso vorsichtig wieder abziehen, als plötzlich der russische Soldat vor uns stand.

Wir waren wie vom Donner gerührt, wir hatten den Russen absolut nicht gehört. Er musste uns schon eine Weile beobachtet haben, und wir waren so eifrig am Einsammeln gewesen, dass wir ganz vergessen hatten, dass eine Patrouille vorhanden war. Er brüllte uns fürchterlich an:

„Stoij!"

Was das bedeutete, wussten wir inzwischen zu genau und standen völlig erstarrt da. Er befahl uns durch Gesten und Worte, die Netze fallen zu lassen und uns mit erhobenen Händen an eine Mauer zu stellen. Verstehen konnten wir die Sprache nicht, aber die Gebärden waren umso eindringlicher! Ganz langsam hob der Russe das Gewehr und zielte auf uns drei arme verschreckte Kinder, die nur was zu futtern gesucht hatten. War es nun endgültig mit uns zu Ende? Trotz des elenden Lebens, das wir führten, befiel uns eine Todesangst. Wir waren doch nur Kinder, wir konnten nicht unterscheiden, ob der Russe Spaß an der Geschichte hatte oder ob er wirklich Ernst machen würde. Der Junge sagte, der Russe hätte sein Gewehr gar nicht geladen. Und da er ein Junge war und wohl mehr Ahnung davon hatte, glaubten wir ihm. Ob das der Wahrheit entsprach, wussten wir nicht, jedenfalls setzte der Russe das Gewehr wieder ab, kam auf uns drei zu und verabreichte uns allen kräftige Ohrfeigen, aber anschließend durften wir – selbstverständlich ohne die gefüllten Netze! – wegrennen. Er rief uns zu: „Pascholl, pascholl, dawai."

Inge schrie: „Los Gitta, rennen wir so schnell es geht, damit der sich das nicht wieder überlegt."

Wir drei blieben dann nach einiger Zeit atemlos stehen, um erst einmal Puste zu holen und uns von dem Schrecken zu erholen. „Mensch, Kinder, so eine Angst hatte ich in den letzten Tagen nicht wie eben", konnte ich nur noch japsen.

Wir trennten uns dann, jeder wollte wieder nach Hause gehen, und ich sah weder Inge noch den Jungen jemals wieder.

Mutti war schon in großer Sorge, weil ich wieder einmal so allein durch die Gegend stromerte. Sie war über das von mir berichtete Erlebnis sehr aufgeregt und sagte: „Du treibst dich so lange auf den Straßen herum, bis sie dich wirklich einmal abschleppen."

Es kam immer noch vor, dass die Russen plünderten, wenn sich die Gelegenheit dazu bot. Eines Tages stand ein junger Russe in unserer überfüllten Wohnung, in der wir nun schon einige Zeit vegetierten. Er durchsuchte alles nach möglichen Wertsachen, die er mitnehmen könnte. Er fand auch Muttis Tasche (wieso hatte sie eigentlich immer noch eine Tasche?); in dieser Tasche waren noch ein paar Bernsteinschmuckstücke, die er mitnehmen wollte. Dabei fiel ein wunderschöner Tropfenanhänger auf den Fußboden, was der Soldat nicht gleich bemerkte. Ich versuchte ganz verstohlen, diesen Anhänger wieder aufzuheben. Der Russe merkte das, trat mit dem Stiefelabsatz auf das Schmuckstück und pöbelte mich an. Bei diesem Tritt splitterte ein kleines Stückchen Bernstein von dem Anhänger ab und war damit für den

Räuber offensichtlich wertlos, denn er ließ den Anhänger liegen. Mir haute er zum Abschied noch eine deftige Ohrfeige an den Kopf und verschwand. Langsam musste ich mich wohl an die russischen Schläge gewöhnen! (Diesen Tropfenanhänger besitze ich noch heute, da Mutti ihn mir dann sehr viel später schenkte.)

Mitbewohner aus unserem ehemaligen Haus im Thornschen Weg waren ein paar Tage mit uns zusammen in dem Keller gewesen, in dem wir einige Zeit kampiert hatten. Dann wurde der Mann ebenfalls verschleppt, und zwar zufällig in das gleiche Lager (Matzkau) in der Nähe von Danzig, in dem sie auch Papa gefangen hielten. Die Männer trafen sich dort, und Herr H. erzählte Papa, dass er wüsste, wo wir jetzt leben, denn seine Frau und er wären einige Zeit mit uns zusammen gewesen. Mutti hätte allerdings die neue Adresse außerdem an die Hauswand des alten Hauses geschrieben. Jeder versuchte, irgendeine Nachricht für die Angehörigen zu hinterlassen, damit man sich eventuell wiederfinden konnte; das ging am besten an der alten Wohnung. Durch diesen seltsamen Zufall, dass beide Männer im gleichen Lager gelandet waren, wusste Papa also, wo wir zu finden waren.

Eines Tages erscholl durch unser Haus ein Ruf nach Mutti:

„Frau S., Ihr Mann ist wieder da!"

Mutti stürzte vor lauter Hektik fast die Treppen hinunter, sie war völlig außer sich, lief vor die Haustüre und schrie:

„Wer hat da gerufen, wo soll mein Mann sein, ich sehe ihn nicht!"

Und dabei stand Papa direkt vor ihr! Sie erkannte ihn fast nicht. Selbst für mich als Kind (war ich überhaupt noch ein Kind? Wohl nur der Altersangabe nach!) war dies eine unwahrscheinlich erschütternde Szene. Und ich liebte meinen Papa, wie hatte ich gelitten trotz aller Wirren, die eigentlich keine Gefühle mehr zuließen. Wie sehr hatte ich mich danach gesehnt, Papa fragen zu können, was man nun tun sollte. Er hätte immer gewusst, was als nächstes zu geschehen hätte, jedenfalls glaubte ich fest daran. Mutti, Helga und ich hingen wie die Kletten an Papa. Wir drückten und küssten ihn, er war wieder da, lebendig. Aber war das noch unser Papa, Muttis Ehemann? Er schien entsetzlich verändert, dünn und mager wie wir alle, aber auch still und abwesend, als würde er gar nicht verstehen, was hier nun vor sich ging. Er war unwahrscheinlich erschöpft, es gelang uns allen nur mit Mühe, ihn in das obere Stockwerk zu bringen, in dem die Behausung lag, in der wir mit den vielen Menschen zusammenlebten.

Als wir diese Räume „bewohnbar" gemacht hatten, wurden Matratzen aus anderen leer stehenden Wohnungen geholt, die wir auf den Fußboden legten, um darauf zu schlafen. Die Möbel wurden aus der Wohnung weitgehend hinausgeworfen, um Platz für die vielen Schlafplätze zu schaffen. Papa bekam seinen Platz mit auf unserer Matratze. Jede Familie hatte sich so ein bisschen in eine Ecke verzogen, und das war dann unser eigener Wohnbereich. Mutti bestürmte Papa, er solle doch nun erzählen, wo er so lange war, was passiert sei und dergleichen mehr. Papa sagte nur: „Friedel, das kann ich dir nicht sagen, das war alles so entsetzlich und fürchterlich, das ginge über deine Vorstellungskraft, frag lieber nicht weiter!" Es stellte sich dann aber später heraus, dass exponierte Parteistelleninhaber ganz besonders grausam behandelt worden waren.

Mutti rasierte Papa dann; woher sie eigentlich den Rasierapparat hatte, war mir schleierhaft. Wahrscheinlich wurde er irgendwie in der Wohnung gefunden und bisher nicht benutzt, weil keine Männer mehr anwesend waren. Da wir inzwischen auch öfter an die Wasserpumpe durften, war die Möglichkeit gegeben, etwas Wasser für die Körperwäsche abzuzweigen, sodass Mutti Papa ein wenig waschen und erfrischen konnte.

Nach zwei Tagen, am 27. April 1945, holten die Russen Papa nachts wieder ab; eine ehemalige Bewohnerin aus dem unserer Wohnung gegenüberliegenden Haus hatte auf der Kommandantur erzählt, Papa wäre aus einem Lager geflohen. Also wurde er erst einmal wieder eingesperrt. Man machte sich dort auf der Kommandantur aber sogar die Mühe, in dem Lager nachzuforschen, ob es den Tatsachen entspräche, dass Herr S. geflüchtet sei. Vom Lager wurde bestätigt, dass Papa offiziell entlassen worden war. Am 29. April, Helgas zehntem Geburtstag, kam

Papa dann wieder zurück. Als er abgeholt worden war, hatten wir uns voller Entsetzen um ihn geschart, wir wollten ihn uns nicht wieder wegnehmen lassen, er war so krank und kaputt. Aber alles Flehen hatte nicht geholfen, er musste mit. Als er nun wieder in unsere Wohnung kam, hatte er sogar den Arm voller Brot und Margarine, alles in einer Tischdecke eingewickelt. Die Russen hatten ihm sogar noch die Lebensmittel mitgegeben.

Inzwischen hatte sich herausgestellt, wer die Frau war, die einen Deutschen bei den Russen denunzierte, sie wurde von den anderen Deutschen gesucht, um ihr eine gehörige Abreibung zu verpassen. Die Denunziantin musste das erfahren haben, denn sie war wie vom Erdboden verschwunden. Aller Wahrscheinlichkeit nach war sie in einen anderen Stadtteil entflohen. Es geschah auch immer wieder, dass böswillige Denunziationen erfolgten, um Eigenvorteile zu erreichen. Es war wirklich eine grausame Zeit!

Mutti nahm Papa wieder in ihre Obhut, rasierte und wusch ihn, aber es war so, dass Papa sich bei den Waschungen immer so drehte, dass Mutti nie an seinen Rücken kam und diesen nicht richtig sehen konnte. Und dieses Manöver gelang ihm sogar für eine lange Zeit. (Ich komme später noch darauf zurück, was dieses Gebaren bedeutete.) Ganz offensichtlich war aber, dass Papa gerade noch in der Lage gewesen war, zu seiner Familie zurückzukriechen, das muss die antreibende Kraft für den Rückweg gewesen sein. Jetzt verfiel er von Tag zu Tag mehr. Frau Hühn, unsere Wirtin aus Zollbrück, die mit uns nach Danzig gekommen war, war die einzige Person in unserem kleinen Kreis, die noch über eine enorme Energie verfügte. Sie war in unseren Augen immer ein ziemlicher Vielfraß gewesen, denn sie konnte ungeheure Mengen von Lebensmitteln vertilgen und wurde trotzdem nicht satt. Jetzt, als wir so wenig zu essen hatten und alle kräftemäßig am Ende waren, verfügte sie noch über große körperliche Kräftereserven. Sie war sogar dazu in der Lage, Papa auf dem Rücken zu tragen! Sie trug ihn, wenn er mal austreten wollte, sie stützte ihn, wenn er unbedingt ein paar Schritt machen wollte. Woher diese Frau die Kräfte nahm, war uns allen unklar. Sie war eine sehr große und kräftig gebaute Frau, wir waren ihr so dankbar, dass sie sich immer wieder bereiterklärte, Papa zu tragen oder irgendwie zu helfen. Im Grunde war auch sie todunglücklich, denn den Sohn hatte sie ja bei Stalingrad verloren, und wo ihr Mann war und ob er noch lebte, das wusste sie auch nicht. So hatte sie sich ganz unserer Familie angeschlossen.

Papa war, jedenfalls in den letzten Jahren, ein sehr starker Raucher gewesen. Er hat wohl so an die vierzig bis fünfzig Zigaretten pro Tag geschmökt. Jetzt in seinem geschwächten Zustand jammerte er immer wieder wie ein Kind, dass er nur noch einen einzigen Zigarettenzug machen möchte.

Zigaretten? Woher sollten die wohl kommen! Ebenso gut hätte er den Mond zum Anfassen wünschen können. Plötzlich fiel mir aber ein, dass ich irgendwann in den vergangenen Wochen einen ehemaligen älteren Nachbarn getroffen hatte, der früher auf der gleichen Etage in unserem Haus im Thornschen Weg wohnte. Er lebte jetzt mit seiner Frau ebenfalls irgendwo in dieser Gegend. Und bei diesem Nachbarn hatte ich bei der zufälligen Begegnung gesehen, dass er einen Tabaksbeutel besaß, der auch noch gefüllt war. Nachdem ich dann ausfindig gemacht hatte, wo diese Familie jetzt „wohnte", ging ich zu ihm.

„Herr E.", bettelte ich, „ich habe neulich gesehen, dass Sie noch etwas Tabak haben. Unser Papa ist wieder bei uns und sehr krank. Er jammert immer, dass er rauchen möchte. Können Sie mir nicht ein ganz kleines bisschen Tabak geben, nur für eine Zigarette?"

Aber dieser Mann beschimpfte mich ganz unflätig und drohte mir alles Mögliche an, wenn ich nicht sofort verschwinden würde. Ich wusste überhaupt nicht, was mit mir in diesem Moment geschah. Ich sprach doch zu einem ehemaligen guten Nachbarn, Leute, bei denen Helga und ich ein- und ausgegangen waren, weil sie angeblich Kinder mochten. Was war geschehen?

Papa hatte in den Zeiten, als wir noch wie normale Menschen in unseren Wohnungen vor dem großen Chaos lebten, aufgrund seiner damaligen Position, die auch höhere Parteimachtbefugnisse beinhaltete, sehr viel für diesen Nachbarn getan, um schlimmste Bestrafungen abzuwenden. Der verheiratete Sohn war nach meinem heutigen Verstehen wohl nur auf dem Papier Ehemann, ansonsten war er auf Männer eingestellt; zu jener Zeit ein absolutes Verbrechen! Und da gab es schon einige Ereignisse, die ohne Eingreifen einer Person mit Einfluss reichlich schiefgelaufen wären. War daher die Freundlichkeit zu uns Kindern so gravierend gewesen, weil der Vater gebraucht wurde? Und nun war die Zeit vorbei, wo ein so nützlicher Nachbar zur Hand sein musste. Nun konnte man dieses Kind schimpflich behandeln und sogar noch den Beruf und die ehemalige Position des Vaters als Drohmittel anwenden.

Wir waren immer darauf gefasst, dass die Russen uns bedrohten und beschimpften, dass es auch Deutsche gab, die andere denunzierten, dass sie ihnen nur Schlechtes wünschten, das konnte ich nun gar nicht begreifen. Herr und Frau E. waren doch für uns keine Fremden, die konnten doch nicht so grausam sein. Völlig verzweifelt und bis ins Innerste getroffen, musste ich mich davontrollen. Mir war es nicht möglich gewesen, meinem geliebten Papa seinen einzigen Wunsch, den er immer wieder äußerte, zu erfüllen.

Ich weiß nicht, warum gerade diese Episode aus all dem Grauen jener Tage so fest in meinem Gedächtnis verankert blieb, und zwar so unwahrscheinlich unverrückbar, dass ich bis auf den heutigen Tag „koche", wenn ich sehe, in welchem Überfluss die Raucher leben. Die öffentlichen Verkehrsmittel wie U-Bahn oder Bus sind bereits in Sichtweite, dann stecken sich die Raucher noch schnell eine neue Zigarette an, machen einen oder zwei Züge und werfen dann eine fast vollständige Zigarette brennend weg, da das Rauchen in den Verkehrsmitteln verboten ist. Eine einzige dieser unzählig herumliegenden Zigarettenkippen hätte damals einem sterbenskranken Menschen die Seligkeit bedeutet!

Ehemalige Geschäftsleute, die sich vor noch gar nicht so langer Zeit Schwierigkeiten eingehandelt hatten, weil sie nicht das Schild, dass der deutsche Gruß „Heil Hitler" sei, im Laden aufhängten und Papa ihnen aufgrund seiner Möglichkeiten oftmals aus der Klemme half, diese Menschen hielten Helga auf der

Straße an, bevor Papa wieder zu uns zurückgekommen war und fragten: „Wo ist denn dein Papa?"

Als Helga weinend erklärte, das wüssten wir auch nicht, da meinten sie, solchen Kerl sollte man am besten aufhängen.

Mein Gott, was waren das für Zeiten, das waren wirklich keine Menschen mehr, jeder wollte aus irgendwelchen Situationen Kapital schlagen, und wenn es nur abgrundtiefe Gehässigkeit einem Kind gegenüber war. Als Papa dann wieder bei uns war, sagten wir diesen Leuten natürlich nie, dass er wieder zurück war aus dem Lager. Wir hatten Angst, dass sie ihm etwas antun würden.

Die Besatzungsmacht sorgte in keiner Weise dafür, dass die überlebende Bevölkerung Lebensmittel erhielt. Es wurden zwar manchmal von Lastwagen herab Brote verteilt. Allerdings wusste kein Mensch, wann und wo diese Brotausgaben stattfinden sollten. Der reine Zufall musste da nachhelfen. Wir lungerten ja auch auf den Straßen herum, ob es nicht irgendwo etwas zu kauen gab. Es war so, dass jeder für sich selbst verantwortlich war, ob er verhungerte oder nicht, das kümmerte nur die allernächsten Angehörigen. Es war immerhin erstaunlich, dass trotzdem noch so viele Menschen am Leben blieben.

Wir hatten einmal einen ganzen Karton Puddingpulver gefunden, sodass wir Pudding, in Wasser gekocht, essen konnten. Auch die kläglichen Reste aus einer Kartoffelmiete gaben mal eine Mahlzeit ab. Wir schlugen uns eben irgendwie durch.

Danzig bis Mai 1945/
Zollbrück bis September 1945:
Unter russischer und polnischer Besetzung

Eines Tages war es soweit, dass wir uns auf den russischen Kommandanturen registrieren lassen mussten. Dabei wurde bekannt, dass alle Personen, die nach 1939 nach Danzig gekommen waren, die Stadt verlassen müssten. Der Ausweisungsbefehl besagte theoretisch, dass wir zu verschwinden hätten, die Züge würden in Richtung Pommern gehen. Also mussten auch wir weg, weil wir erst 1940 nach Danzig umgezogen waren, ebenfalls unser verwandtschaftlicher Anhang und Frau Hühn, die im März 1945 mit uns nach Danzig geflüchtet waren.

Es herrschte eine ziemliche Aufregung, weil wir nicht wussten, was man mit uns machen würde. Der Ausweisungstermin hing wie ein Damoklesschwert über uns. Wann mussten wir weg? Das war die bange Frage, bis wir so um den 25. Mai herum zum Bahnhof bestellt wurden; wir sollten abtransportiert werden.

Papa war nicht mehr in der Lage, selbst zu gehen, so trug ihn Frau Hühn, die immer noch die kräftigste Frau in unserem Kreis war, wieder auf dem Rücken. Viel Gepäck hatten wir nicht mehr, weil wir nur ein paar Decken und Kleidungsstücke unser Eigentum nannten. Mutti besaß noch eine Bernsteinkette, die sie immer wieder verstecken konnte bei Durchsuchungen. Auf dem Bahnsteig ging ein weiblicher russischer Soldat auf und ab, und Mutti machte den Versuch, ein Tauschgeschäft abzuschließen. Tatsächlich ließ sich die Russin darauf ein, einige Zigaretten als Gegenwert für die Kette zu geben. Damit erfüllte Mutti ihrem Ehemann wohl den letzten größeren Wunsch. Einen anderen Wert hatte dieser Schmuck nicht mehr, irgendwann wäre er doch noch gestohlen worden.

Nach einiger Wartezeit auf dem Bahnhof wurden wir in einen Güterwagen verladen, und ab ging die Reise ins Ungewisse. Man wollte uns nur aus Danzig loswerden, wohin wir verschickt wurden, das war uns nicht bekannt. Es hieß zwar Pommern, aber wir trauten diesen Angaben nicht. Jedenfalls fuhr der Zug los, und nach kurzer Zeit wurden wir auf dem Bahnhof von Neustadt/ Pommern ausgeladen. Wir mussten im Wartesaal kampieren. Wie lange der Aufenthalt dauern sollte, war niemandem bekannt. Zu essen gab es auch nichts. Der Hunger war so groß, dass es nur eine Möglichkeit gab: Lotte (Tante Marthas Tochter) und ich, die beiden dünnsten und unscheinbarsten Gestalten, gingen los und versuchten, etwas Essbares zu beschaffen. Lotte meinte zwar: „Warum muss ich immer für Essen sorgen, ihr habt doch auch Hunger", aber sie ging mit mir los. Nur, wo sollten wir eigentlich Essen beschaffen? Kaufen konnten wir nichts, da wir keine Zlotys hatten, Tauschgeschäfte waren bei unserer absoluten Armut auch nicht möglich. So entschlossen wir uns, regelrecht zu betteln. Da die Leute auf der Straße natürlich keine Esswaren bei sich hatten, gingen wir in die Häuser und klopften an die Wohnungstüren und bettelten um Brot. Wir wussten nicht, wer in den Wohnungen lebte, daher gerieten wir auch an Polen. Bei dem einen oder anderen bekamen wir Schimpfworte zu hören, aber teilweise erhielten wir sogar von polnischen Leuten einen Kanten Brot! Deutsche hatten kaum selber zu beißen, obwohl es in dieser Stadt nicht so schlimm aussah wie in Danzig, die Häuser waren nicht so zerstört. Von unseren Landsleuten gab es mal ein paar Kartoffeln oder eine Scheibe Brot. Lotte und ich mussten wandelnden Geistern ähneln, unser Aussehen war offensichtlich so erbärmlich, dass trotz allem eigenen Hunger diese Leute uns noch von ihrem Wenigen abgaben.

Bei all diesem Treppauf und Treppab waren wir unheimlich deprimiert. Es war wirklich sehr schwer, den Mund zu öffnen und zu fragen: „Haben Sie nicht ein bisschen was zu essen für mich?" Das Dankeschön war riesengroß, wenn der Spruch Erfolg hatte, und ein Heulen brach los, wenn wir wieder einmal umsonst angeklopft hatten. Lotte oder ich standen abwechselnd auf der Straße und waren immer mit beiden Ohren am Bahnhof! Wir ahnten ja nicht, wann der Zug wieder weiterfahren sollte;

unsere Hoffnung war nur, dass vorher entsprechend gepfiffen werden würde. Uns wurde gar nicht so richtig bewusst, ob wir zwei oder drei Tage in dieser Stadt waren, jedenfalls schleppten Lotte und ich so viel zu essen an, dass unser ganzer kleiner Kreis etwas zu kauen bekam. Wie waren wir dankbar für jedes Stückchen Brot, mochte es alt oder verschimmelt sein, wir hatten ja bereits Übung darin, von Unmöglichem zu leben!

Eines Tages kam der Befehl zum Einsteigen in einen Zug, der Richtung Lauenburg/Pommern fahren sollte. Wieder wurden die paar Habseligkeiten zusammengesucht, und wieder nahm Frau Hühn Papa huckepack. Sie hatte darin nun schon Übung, und Papa klammerte sich mit beiden Armen um ihren Hals fest. Er war todunglücklich über seine Schwäche und konnte kaum noch reden. Dieser Lebenszustand war eine einzige Qual für ihn.

Der Zug landete tatsächlich an dem genannten Zielort, denn in Lauenburg endete vorerst die Reise, aber diesmal mussten wir auf dem kahlen, nackten Bahnsteig bleiben und auf dem Fußboden liegen.

Papa ging es inzwischen so schlecht, dass Tante Martha zu Mutti sagte: „Nun geht es mit Bruno wohl langsam zu Ende."

Zum Begleitpersonal des Zuges gehörte auch ein Pole, der die Bewachung des Zuges hatte, und dieser Mann machte Martha, also der Tochter von Tante Martha, Avancen. Da er einigermaßen die deutsche Sprache beherrschte, erklärte er Martha unter anderem, dass er den Befehl hätte, wenn Papa im Zug sterben würde, die Leiche aus dem Waggon zu werfen. Wir sollten versuchen, Papa irgendwo in ein Krankenhaus zu schaffen. Das war leicht gesagt, wie sollte das geschehen? Es waren doch keine normalen Zeiten, sodass wir einfach einen Krankenwagen anfordern konnten.

Mutti und Tante Martha gingen in den Ort und hielten Ausschau nach einem Arzt. Im ehemaligen Rote-Kreuz-Krankenhaus überließ man ihnen eine Tragbahre und sagte, sie sollten Papa darauf betten und ihn zum Krankenhaus bringen. Einen Wagen gäbe es nicht. Sie kamen zum Bahnhof zurück, luden Papa auf die Trage, und dann war der letzte Abschied gekommen.

Ich war wie von Sinnen, mir war klar, dass ich Papa wohl nie wiedersehen würde. Aber er streichelte mich und flüsterte: „Ich komme zu euch zurück." Diese Worte konnten mich nicht trösten, ich klammerte mich an Papa und wollte nicht zulassen, dass Mutti und Frau Hühn und noch zwei andere Frauen ihn wegbrachten. Ich rief immer wieder: „Papa, Papa, bleib bei uns, wir können dich nicht weglassen!" Aber es war ein sinnloses Unterfangen, er musste ja zum Doktor. Ich war von Grund auf verzweifelt und musste mich doch zusammenreißen, um den Abschied zu überstehen. Woher nahm ein unreifes Kind, wie ich es den Lebensjahren nach noch war, eigentlich die Kraft, all solche Situationen zu meistern?

Und dann trugen ihn die vier Frauen fort. Sie brachten ihn ins Krankenhaus, und ein Rhythmus wurde eingehalten, der fast normal war. Die Frauen, also Frau H. und Mutti, mussten Papa dann selber in die Badewanne setzen, um ihn zu waschen. Als Papa ausgezogen war, sagte Frau Hühn zu Mutti: „So, Frau S., nun gehen Sie mal lieber raus, ich werde Ihren Mann für das Bett fertigmachen." Mutti war völlig überrascht und überrumpelt und wusste gar nicht, warum Frau H. das sagte. Schließlich war Papa ja ihr Ehemann, und dann sah sie mit Grauen den Grund dieser Äußerung von Frau Hühn. „Oh Gott", konnte sie nur flüstern, „was haben diese Tiere mit meinem Bob gemacht!"

Jetzt erst wurde das volle Ausmaß der Misshandlungen, die Papa im Lager Matzgau hatte erdulden müssen, erkennbar. Jetzt erst wurde deutlich, warum Papa immer so stöhnte, wenn er am Rücken berührt wurde und warum er mit aller Gewalt verhinderte, dass Mutti seinen Rücken zu sehen bekam. Mutti konnte nur immer wieder entsetzt feststellen:

„Das ist ja grauenvoll und unmenschlich!"

Man hatte Papa in der Lagerzeit, als sie ihn gleich am Anfang nach dem Einzug der Russen verschleppten, den ganzen Rücken zerschlagen, das heißt zerrissen. Es sah aus, als wären Stacheldrahtbürsten durch die Haut gezogen worden. Es war kaum zu glauben, dass ein Mensch die Schmerzen, die diese Wunden bereiten mussten, hatte ertragen können. Nachdem Mutti diesen

Schock überwunden hatte oder zu überwinden versuchte und das Bad beendet war, bekam Papa ein Bett zugewiesen, ein richtig bezogenes Bett. Und dann kam die Minute, in der eine Frau ihren Mann verlassen musste, weil ihre beiden Kinder auf sie warteten. Es gelang Mutti und Frau Hühn nur sehr schwer, ihre Bewegung diesem kranken Menschen gegenüber etwas zu verbergen, die Erkenntnis über die grauenvollen Schmerzen, die Papa ertragen musste, und die Gewissheit der Trennung waren so furchterregend groß, dass es übermenschliche Kräfte kostete, sich von dem Krankenhaus zu lösen. Aber die Frauen waren in großer Eile und Sorge, wieder den Bahnhof zu erreichen. Es war nicht sicher, wann der Zug sich in Bewegung setzen würde, das konnte jederzeit sein. Und so ähnlich war die Situation dann auch, Mutti kam mit ihren Helferinnen in der allerletzten Minute am Bahnhof an, der Zugführer war gerade dabei, den Zug abfahrbereit zu machen. Als Mutti wieder bei uns war und immer noch voller Abschiedsschmerz und Trauer weinte, fielen wir in diesen Tränenstrom ein. Nun hatten wir Papa wieder verloren, und es bestand offensichtlich keine Hoffnung, ihn je wiederzusehen. Auf jeden Fall war Mutti aber wieder bei uns, das war der große Trost in dieser schicksalhaften Stunde.

Tante Martha war schon sehr nervös geworden, denn die Verantwortung, Helga und mich nun zu betreuen, falls Mutti nicht rechtzeitig wiederkehren würde, war für sie sehr groß, und sie atmete auf, als alle wieder beisammen waren ... außer Papa!

Dieser Tag war der 30. Mai 1945, Papas Geburtstag, und zwar sein dreiundvierzigster. Wir hatten ihn also an seinem Geburtstag zuletzt gesehen, ein Tag, den man gerade aus diesem Grunde nie würde vergessen können.

Der Zug setzte sich in Bewegung und tatsächlich in die Richtung, in die wir ja wollten, der Zug hielt nämlich in der Nähe von Zollbrück, wo Frau Hühn und Tante Martha ihr Zuhause hatten. Wir durften aussteigen und mit unseren paar Gepäckstücken, die wir noch besaßen, abmarschieren. Frau Hühn und Tante Martha waren nun plötzlich in übergroßer Eile, denn jetzt würde sich herausstellen, was aus ihrem Hab und Gut geworden war. Die Erwartung war riesengroß, was stand noch von Zoll-brück, war das Haus von Frau Hühn noch heil? Alles Fragen, die die letzten Minuten vor der Ankunft ungeheuer spannend machten. Wir wussten nicht, was uns erwartete.

Als wir Zollbrück immer näher kamen, sahen wir, dass die Ortschaft fast vollständig heil geblieben war. Da kam schon die erste große Erleichterung. Frau Hühn sagte: „Ich trau mich gar nicht weiter. Wenn mein Haus nicht mehr steht, werde ich ver-rückt!" Sie hatte ja miterlebt, wie wir unser Zuhause verloren, sie wusste aus nächster Nähe, was es bedeutete, so abrupt besitzlos zu werden. Aber dann ließ sie plötzlich ihr Handgepäck fallen, lief los und schrie dabei immer lauter:

„Es steht, es steht, mein Haus ist noch da!"

Obwohl es nicht unser Eigentum war, hatten auch Mutti und Helga und ich ein ungeheures Gefühl der Erleichterung; das heile Haus bedeutete für uns ebenfalls wieder eine Unterkunft. Frau Hühn und Tante Martha fielen sich in die Arme und heulten vor lauter Glück. Jetzt waren sie wieder in ihrem eigenen Heim. Wir waren fast ein wenig neidisch und doch wiederum sehr froh, wir konnten also mit unseren Verwandten und Frau Hühn wieder zusammen in einem Haus wohnen.

Nachdem feststand, dass sich auch keine Russen oder Polen hier auf dem Grundstück eingenistet hatten, wurden erst einmal alle Räumlichkeiten inspiziert. Der Keller, den die Frauen vor unserer Flucht so geschickt mit Gerümpel abgedeckt hatten, der war natürlich gefunden worden. Von Russen, Polen oder gar Einheimischen? Das konnte niemand sagen. Aber das meiste Hausgerät und die Möbel befanden sich im Haus, sodass ein Be-wohnen der Räume sehr gut möglich war. Auch das Stallgebäude war unversehrt, nur das Viehzeug, also die Ziege und die Hühner waren verschwunden. Es gab sogar noch die Kartoffelkiste im Stall. Welch ein Reichtum!

Grete, Tante Marthas älteste Tochter, fand ihre Wohnung ebenfalls heil vor, sodass auch sie in ihren gewohnten Wänden le-ben konnte. Somit waren wir fast vollzählig wieder dort, von wo aus wir Anfang März geflüchtet waren. Wir hatten Gretes Baby irgendwo in Danzig begraben müssen, aber alle anderen Personen waren wieder heil in Zollbrück. Da konnte man sagen, wären wir damals nur nicht geflüchtet, sondern in Zollbrück geblieben. Wieviel Leid, wieviel Kummer, wieviel Hunger und entsetzliches Erleben wäre uns allen wahrscheinlich erspart geblieben. Aber wir konnten die Fehlentscheidungen nicht mehr rückgängig machen. Hätten die Erwachsenen Anfang März die Flucht nicht ergriffen, dann hätten wir nie genau erfahren, was mit Papa geschah, es wäre ein Leben lang die Ungewissheit geblieben.

Die Häuser waren zwar teilweise geplündert worden, aber es gab überall noch Kohl- und Kartoffelmieten, sodass wir etwas zu essen hatten. Ein Wasserbrunnen war sowieso auf dem Hof vorhanden, also Essen und Trinken waren gesichert, wir lebten nach den letzten Monaten nun fast im „Überfluss". Aber von Kohl und Kartoffeln alleine lebte es sich doch nicht so gut. Lotte und ich – warum eigentlich immer wir beide? – versuchten bei den Bauern weitere Lebensmittel zu erbetteln bzw. einzutauschen. Lotte war dünn und mager und ich ebenfalls. Wir beide zogen nun wieder einmal los, genau wie in Neustadt.

Hatte ich immer noch so viel Energie und Willen zu leben? Was war inzwischen alles geschehen! Welch ein Grauen hatte ich mit meinen nun fast vierzehn Jahren gesehen, dann der Abschied von meinem Papa. Aber ich war jung und hatte in den vergangenen Monaten gelernt, dass nur der willensstarke und vorausschauende Mensch die Chance hatte, zu überleben, nur wenn er die Initiative ergriff, alle Möglichkeiten auszuschöpfen, die einem Menschen geboten wurden, war eine Zukunft möglich. Da kam es letzten Endes nicht unbedingt auf körperliche Kräfte an, sondern darauf, dass man durchhalten wollte. Und das war eine sehr bittere Erfahrung für ein Kind und sollte mir dennoch in meinem ganzen späteren Leben Nutzen bringen. Wie häufig hatte ich in diesen vergangenen Wochen die Gedanken: „Da kann ich nicht, das schaffe ich nicht, ich will nicht mehr!"
Aber immer wieder war letzten Endes mein Wille stärker als mein Körper, irgendetwas trieb mich dann doch dazu an, Dinge zu tun, die mir mein Kopf eingab. Wäre es nicht so gewesen,

hätten diese entsetzlichen letzten Monate vielleicht ein Opfer mehr gefordert.

Also, Lotte und ich gingen in die umliegenden Dörfer, um auf den Bauernhöfen ein paar Esswaren zu erbetteln. Wir hatten am Anfang sogar noch ein Tauschobjekt! Wir fanden in unserem Zimmer im Hause von Frau Hühn eine große Packung Süßstofftabletten, die Mutti früher einmal in „normalen" Zeiten bekommen hatte. Diese konnten wir nun – natürlich in abgezählten Mengen! – gegen Brot, Milch oder auch Eier eintauschen. Diese Tauschgeschäfte oder die Bettelei klappten nicht immer. Einmal wurden wir mit Schimpf und Drohung von einem Bauernhof gewiesen, weil wir bettelten; wir hatten aber gerochen und gesehen, dass auf dem Hof gerade Brot gebacken worden war, das nun in der Diele auf Holzbrettern zum Auskühlen lag.

Ich stachelte Lotte auf: „Hör mal, das können die doch nicht so einfach machen. Da liegt so viel Brot, warum schenken die uns nicht einen Kanten?" „Na, denn hol doch was", entgegnete Lotte. Das ließ ich nicht auf mir sitzen und wir verabredeten, wie wir das anstellen sollten. Einen Hund hatten wir weder gesehen noch bellen gehört, es gab offenbar gar keinen, sodass er uns auch nicht verraten konnte. Lotte passte auf, ob jemand uns sah, als wir wieder zurückschlichen, und ich flitzte in die Diele, schnappte mir ein Brot und weg waren wir. So einen herrlichen Duft zu schnuppern, das frische Brot zu sehen und dann vom Hof gescheucht zu werden, ohne auch nur einen Bissen zu erhalten, das ging zu weit, da spielten wir „Selbstversorger"!

So manches Mal setzten wir uns nach unserer Betteltour auf die Eisenbahnschienen, über die wir nach Hause tippelten, schlugen ein rohes Ei auf und aßen dazu einen Kanten Brot. Meine Güte, welch ein Genuss! Wir wurden satt und brachten noch genug mit nach Hause für die wartenden Familienmitglieder.

Als die Zeit kam, dass die Pilze im Wald wuchsen, wurde der Luxus unbeschreiblich. Wir zogen alle los und sammelten meistens Pfifferlinge, die es gerade in diesem Jahr in großen Mengen gab. Es wurden immer wieder Stellen entdeckt, die wie ein einziger Pilz-Teppich aussahen. Uns überkam oftmals regelrecht ein Rausch. Die Frauen zogen ihre Unterröcke aus, knoteten sie zusammen und trugen sie als Sack gefüllt mit Pilzen nach Hause. Wir waren wie hypnotisiert, wir konnten einfach nicht mit dem Sammeln aufhören und mussten schließlich schrecklich schleppen. Am schlimmsten waren Lotte und Martha, die konnten kaum gehen mit ihrer Last, beide waren der Meinung, „was wir heute haben, kann uns morgen nur nützen. Wir wollen nicht mehr hungern, lieber schleppen wir uns jetzt krumm".

Wir haben dann die nicht sofort verbrauchten Pilze gesäubert, auf ein Band gezogen, Stück für Stück, und die Bänder in die Sonne gehängt und dadurch einige Zentner Pilze getrocknet, die einen guten Vorrat für den Winter ergeben sollten. Blaubeeren und Preiselbeeren ergaben später die entsprechend feine Note zum Menü.

Das Hungern war vorbei! Wir wurden jeden Tag wieder satt.

Es war allerdings nicht so ganz klar, wie wir es eigentlich immer schafften, heil nach Hause zu kommen, denn unsere Wege waren zum Teil sehr gefahrvoll. So mussten wir, wenn wir in das pilzreiche Gebiet gelangen wollten, über eine eingestürzte Brücke krabbeln, von der nur noch ein Gerüst mit Bahngleisen und einigen Schwellen vorhanden waren, die über einen Fluss führten. Auf dem Hinweg ging es noch, da hatten wir die Hände frei, aber auf dem Nachhauseweg mussten wir die vollen Behältnisse mittragen. Ich war nie „schwindelfrei" gewesen, mir wurde oft schon übel, wenn ich auf einer hohen Leiter stand, aber jetzt machte ich sogar die Kletterpartie über die Brückentrümmer mit. Was man alles kann, wenn man muss! Es ging immer alles ohne Unfälle ab. Glücklicherweise, wir hätten auch keinerlei Hilfe gehabt, wenn tatsächlich einmal jemand von uns gestürzt wäre.

Als wir Anfang Juni wieder nach Zollbrück zurückgekommen waren, hatten wir erst einmal unsere gesamte Kleidung, egal was es war, in den Waschkessel getan und alles ausgekocht. Wir hofften, dadurch die Kleiderläuse bzw. deren Eier abzutöten. Täglich wurden die Haare gewaschen, getrocknet und auf dem Hof in der glitzernden Sonne mit einem sehr feinen Kamm Strähne für Strähne durchgesehen und die noch vorhandenen Läuse entfernt.

Da dieses täglich geschah und damit auch langsam die Lauseier mit herausgekämmt wurden, hatten wir mit dieser Methode Erfolg und waren eines Tages alle „lausfrei". Die Kleidung war nach vielen Mühen und mit sehr viel Sorgfalt auch wieder ohne „Beißer", die einen erheblichen Juckreiz verursacht hatten. Wir fühlten uns wieder menschlicher, sauber und satt.

Aber glücklich waren wir drei – Mutti, Helga und ich – nicht. Wir waren doch in Zollbrück nicht richtig zu Hause, wir hatten immer das Gefühl, dass wir trotz der Nähe von Tante Martha und Frau Hühn allein waren. Wir wussten nicht, was war aus Papa geworden, war er vielleicht doch wieder gesund geworden, war er tot? Für Mutti war es nicht leicht, häufig unsere Fragen zu hören: „Meinst du nicht, dass Papa eines Tages hier auftauchen könnte?" Wir konnten uns nicht damit abfinden, dass Papa nie wieder bei uns sein würde.

Eines Tages herrschte bei uns sehr große Aufregung. Ein altes Ehepaar im Ort hatte Besuch von der Tochter, die in Lauenburg wohnte. Sie war gekommen um nachzusehen, ob die Eltern noch lebten. Post gab es noch nicht wieder, denn es waren keine geordneten Verhältnisse. Als wir von diesem Besuch erfuhren – in einem kleinen Ort erfährt man so etwas! – ging Mutti sofort zu den Leuten und bat die Tochter, wenn sie wieder in Lauenburg wäre, ob sie dann nicht mal zu dem Krankenhaus gehen würde, um nach Papa zu fragen. Mutti gab ihr einen Zettel mit Daten und Personalien mit. Die Frau versprach, Erkundigungen einzuholen; sie würde irgendwann in den nächsten Wochen noch einmal nach Zollbrück kommen.

Mutti hatte oft genug davon gesprochen, dass sie eigentlich versuchen wollte, auf eigene Faust nach Lauenburg zu fahren bzw. zu wandern, aber dass sie uns Kinder nicht alleine zurücklassen wollte. In diesen Zeiten war es keineswegs sicher, dass sie von ihrer Reise auch wieder zurückkehren würde, alles war noch so unsicher, man musste jederzeit mit irgendwelchen Repressalien rechnen, die einem zu jeder Stunde und an jedem Ort widerfahren konnten. Und so musste Mutti entscheiden, ob sie bei den Kindern bleiben oder ob sie die Gewissheit über ihren

Mann erfahren wollte. Ich wollte nicht vor diese Entscheidung gestellt werden, denn das war sicherlich eine ungeheure nervliche Belastung.

Zwischendurch passierte es auch in Zollbrück noch häufiger, dass Russen oder Polen in den Häusern plünderten; es kam auch vereinzelt noch zu Vergewaltigungen. Davor hatten alle Angst, und wir entwickelten eine gewisse Strategie; wenn es vorne an der immer geschlossenen Haustüre polterte, sprangen wir hinten aus dem Fenster, liefen durch die Gartenbüsche verdeckt in den Wald, der direkt an den Garten anschloss, und versteckten uns solange, bis die ungebetenen Besucher wieder verschwanden. Auch wenn es nicht mit Vergewaltigungen endete, geschah es eben doch auch, dass Misshandlungen vorgenommen wurden, das heißt, es gab schon mal eine kräftige Ohrfeige. Wenn diese Banausen plündern wollten, hätten wir sie auch nicht durch unsere Anwesenheit im Hause daran gehindert. Es war eine logische Folgerung, dass wir lieber flüchteten solange diese Eindringlinge im Hause herumgeisterten.

Da viele Leute gar nicht aus Zollbrück geflüchtet waren, gab es noch Kinder in unserem Alter, die dort wohnten. So hatten Helga und ich Spielgefährten. Wir waren so eine Clique, die in einem leer stehenden Haus spielte. Wir feuerten uns dann den Kohlenherd an, rieben Kartoffeln und diese brieten wir mit etwas Salz als Pfanneneinlage – Fett hatten wir nicht – zu Kartoffelpuffern. Aber immer waren wir auf der Hut, dass kein Fremder dazukam, denn Erwachsene, die man nicht kennt, konnten irgendwelche Herumstrolcher sein. Es war kein sorgloses Spielen von unbekümmerten Kindern!

Ungeduldig warteten wir auf die Wiederkehr dieser Frau aus Lauenburg. Wir gingen alle paar Tage zu den Eltern der Frau um nachzusehen, ob sie nun endlich angekommen wäre. Die alten Leute konnten immer nur mit Bedauern sagen: „Das tut uns wirklich sehr leid, aber wir verstehen auch nicht, warum unsere Tochter nicht wiederkommt."

Und dann passierte Folgendes: Wir bekamen von dem polnischen Ortsbeamten die Ausweisung aus Zollbrück, Mutti sollte mit ihren Kindern bis Herbst 1945 den Ort verlassen haben und dorthin gehen, wo wir 1939 gelebt hatten. Dieses dumpfe Gefühl, hier in Zollbrück nicht sicher zu sein, dass einmal etwas eintreten müsste, das den Schwebezustand beenden würde, dieser Moment war nun plötzlich zur Realität geworden. Freiwillig ins Ungewisse zu gehen, wäre sehr schwer gewesen, jetzt wurde ein Zwang ausgeübt, der keine eigene Entscheidung mehr zuließ.

Wir mussten also nach Stettin, weil wir dort bis 1940 gelebt hatten. Es wurde uns eine gewisse Frist bis zur Abwanderung gegeben. Nun sausten wir jeden Tag zu den Leuten, aber keine Tochter kam an. Mutti war sehr unruhig geworden. Immer wieder weinte sie und jammerte:

„Nun erfahren wir gar nicht mehr, welche Auskunft die Lauenburgerin uns mitgebracht hätte."

Dieses dauernde vergebliche Nachfragen hatte uns inzwischen sehr mutlos gemacht. Alle Fragen, was mit Papa geschehen war, sollten nun unbeantwortet bleiben?

Wir beschafften uns einen kleinen Handwagen, auf den wir unsere paar Habseligkeiten mitsamt der getrockneten Pilze als Notverpflegung verstauten. Wir hatten erfahren, dass ein älteres Ehepaar in Zollbrück das gleiche Los der Ausweisung getroffen hatte; Mutti ging dorthin und fragte den Mann: „Wollen wir nicht zusammen wandern? Es ist doch sicherer mit fünf Personen, als wenn wir uns allein auf den Weg machen würden."

Das war den Leuten sehr lieb, sie hatten auch schon Angst vor dem langen Weg, der sie ebenfalls in Richtung Stettin führen sollte. So wurde verabredet, gemeinsam zu starten,, und der Tag des Abmarsches wurde festgelegt.

In der Nacht vor dem Aufbruch war an Schlaf nicht zu denken. Helga und ich krochen zu Mutti ins Bett, und wir heulten alle drei. Auch wenn es vorher schon klar gewesen war, dass unser Aufenthalt hier nicht für alle Ewigkeit möglich sein würde, so hatten wir doch bisher in diesem Haus eine gewisse Sicherheit in der Gemeinschaft mit unseren Leidensgenossen aus der Danziger Zeit und ein beruhigendes Gefühl gehabt. Nun erwartete uns völlige Ungewissheit für die Zukunft. Der Morgen des Wegganges wurde schlimm für alle. Tante Martha, Lotte, Martha, Grete und Frau Hühn umarmten uns immer wieder, es flossen bittere Tränen des Abschieds.

Würden wir uns jemals wiedersehen? Daran glaubte wohl keiner von uns so recht.

Mutti sagte dann: „Und nun gehen wir noch ein letztes Mal und fragen nach, ob eine Nachricht aus Lauenburg da ist!"

Das fast Unglaubliche war eingetreten: Die Frau aus Lauenburg war ein paar Minuten zuvor bei ihren Eltern eingetroffen! Und dann erfuhren wir die bittere Nachricht, die uns schon seit dem Verlassen Lauenburgs begleitet hatte. Papa war am 1. Juni 1945, also nur zwei Tage nach seiner Einlieferung in das Krankenhaus, gestorben. Wenn wir auch immer geahnt hatten, dass die Frau nur diesen und keinen anderen Bescheid mitbringen konnte, waren wir nun mit dieser Endgültigkeit konfrontiert. So schwach und elend wie Papa gewesen war, als wir ihn zurücklassen mussten, wäre es übermenschlich für ihn gewesen, wenn er da noch wieder so viel Kraft erlangt hätte, um zu überleben.

Wir waren unglaublich traurig und das Weinen wollte und wollte kein Ende nehmen. Die Frau hatte sich tatsächlich in dem angegebenen Krankenhaus nach dem Verbleib von Papa erkundigt. Daraufhin erhielt sie dort einen kleinen Zettel mit Unterschrift, der die Todesursache und den Todestag bescheinigte, der dann später als Beleg für die Witwenrente für Mutti anerkannt werden sollte. Da recht chaotische Zustände auch auf dem amtlichen Sektor herrschten, war es fast schon ein Wunder, dass überhaupt so eine Art Bescheinigung vom Krankenhaus ausgestellt worden war, dass es tatsächlich so etwas wie Registrierung der Krankenfälle gab. Wenn Mutti auch bei Papas Einlieferung alle Personalien angegeben hatte, so war es doch nicht sicher, ob diese Daten korrekt verwahrt wurden. Aber das war wirklich geschehen, sodass Mutti nun zumindest ein Stück Papier mit entsprechenden Mitteilungen in den Händen hielt. Wir baten das alte Ehepaar noch, diese Nachricht auch Tante Martha und Frau Hühn mitzuteilen. Wir waren nicht in der

Verfassung, dorthin wieder zurückzugehen. Und so zogen wir mit unserem Handkarren als Witwe und Halbwaisen aus dem Ort ins Ungewisse.

Wir trafen uns mit den Leuten, mit denen wir gemeinsam gehen wollten. Ob wir jemals nach Stettin kommen würden, war völlig offen. Wir marschierten jedenfalls Richtung Stettin los. Der Mann, der mit seiner Frau mit uns zusammen wanderte, hatte eine alte Straßenkarte, sodass wir uns über den Weg nach Stettin keine Sorgen zu machen brauchten. Wir wussten allerdings nicht, ob die Brücken und Straßen überhaupt noch existierten, so wie sie auf der Karte eingezeichnet waren.

Es war uns schwer ums Herz, wir wussten nun, dass unser Papa nicht mehr lebte, wir wussten aber nicht, ob die Großeltern in Stettin noch am Leben waren. Wie sollten wir sie finden, wenn sie nicht mehr in ihren Wohnungen waren? Dauernd bestürmten wir Mutti:

„Was soll bloß aus uns werden?"

Mutti war sehr deprimiert, die vergangenen Monate waren zu entsetzlich gewesen. All das grausame Geschehen in Danzig, dann der Verlust ihres Mannes, nun der Weg ins Ungewisse …, da konnte der ganze Lebensmut ja auch zum Teufel gehen!

In den ersten Tagen unserer Wanderschaft legten wir täglich ungefähr zwanzig Kilometer zurück, es wurden aber von Tag zu Tag weniger! Wir übernachteten teilweise in Scheunen oder in einem Lagerraum auf dem Fußboden, wo man uns einen erbettelten Platz für die Nacht zur Verfügung stellte. Die Bauern, bei denen wir meistens für eine Nacht Unterschlupf fanden, gaben uns manchmal sogar etwas Brot oder Milch, sodass wir immerhin einigermaßen etwas zu essen hatten. Eines Nachts, als wir in einer Diele übernachteten, wurden wir plötzlich wach, weil Mutti schrie. Ihr war eine Maus auf das Gesicht gefallen und sie schimpfte fürchterlich vor Schreck.

Auf unseren Wegen und Straßen hielten wir immer Augen und Ohren offen; wenn ein Auto-Geräusch zu hören war, schlugen wir uns, soweit dazu noch Zeit genug vorhanden war, seitlich in die Büsche. Die Angst, dass Russen oder Polen uns den kläglichen Besitz, den wir auf dem Handkarren beförderten, noch wegnehmen würden, war groß. Aber dann war da noch einmal ein Lastwagen, den wir nicht rechtzeitig gehört hatten. Er hielt an …, was nun? Weg konnten wir nicht mehr. Aber es war nur ein Russe, der uns durch Zeichen zu verstehen gab, dass wir fünf Leute (Mutti, Helga und ich und unsere beiden älteren Begleiter) mit unserem Handkarren auf den Lkw klettern sollten, er wollte uns ein Stück des Weges mitnehmen. Nach der Angst nun die Erleichterung, dass uns nichts passierte, sondern wir sogar einige Kilometer mit dem Lastwagen fuhren und das Laufen sparten, das doch recht mühsam war.

Wir bedankten uns bei ihm mit einem „spassiba" und „do swidanija", trotzdem wir ihn nie „wiedersehen" würden. Aber er war freundlich und nett zu uns gewesen, da wollten wir ihm zumindest in seiner Sprache danken, denn einige Brocken russisch oder polnisch hatten wir inzwischen gelernt. Das blieb gar nicht aus, weil wir bereits seit längerer Zeit diese Worte gehört hatten. Auch solche menschlichen Dinge passierten, der eine Sieger schlug die Leute tot oder misshandelte sie, der andere hatte Mitleid und Erbarmen.

Wir näherten uns im Laufe der Zeit, wir waren so an die zwei Wochen „auf Achse", langsam unserem Ziel. Kurz vor Stettin, auf dem Wege nach Podejuch, mussten wir durch ein einsames Waldstück wandern. Plötzlich kamen aus dem Gebüsch zwei Männer, der Sprache nach Polen, hielten uns an, bedrohten uns und raubten unser gesamtes Gepäck, das auf dem Handwagen lag. Wir versuchten auf die Kerle einzuschlagen und schrien schrill und laut um Hilfe, aber vergebens, niemand konnte uns zu Hilfe kommen. Und so mussten wir mit ansehen, wie diese widerlichen Burschen mit unserem letzten Hab und Gut, das wir in mühseliger „Zieharbeit" mit dem Handkarren bis hierher hatten retten können, nun abhauten. Wie schwer war uns in den letzten Tagen das Ziehen des Karrens gefallen, wir hatten immer weniger an Wegesstrecke pro Tag geschafft. Wir hatten zwar unterwegs etwas an Lebensmitteln erbetteln können, aber das reichte nun wirklich nicht aus, um die durch das ungewohnte

Wandern verlorenen Kräfte wieder zu ersetzen. Die Räuber waren allerdings in großer Eile, weil sie befürchteten, dass andere Polen oder sogar Russen die Straße entlangkommen würden. In dieser Hektik übersahen sie, dass Mutti noch eine ziemlich große Handtasche hinter den Rücken hielt. Diese Tasche war nun unser allerletzter „Besitz", allerdings mit kostbarem Inhalt, nämlich unter anderen auch unseren Ausweisungspapieren von Zollbrück. Den deutschen Reisepass, Postsparbücher und ein paar andere wichtige Kleinigkeiten hatten Mutti und wir am Körper unter der Kleidung versteckt und konnten daher diese Sachen retten. So ließen wir nun diesen Handkarren als nutzloses Anhängsel einfach stehen, nachdem ich ganz kategorisch gemeutert hatte:

„Ich ziehe den leeren Karren nicht einen einzigen Meter weiter!"

Ich war wütend, denn auch die ganzen getrockneten Pilze, die so unheimlich viel Arbeit und Mühe gemacht hatten, waren natürlich ebenfalls in den Händen der Räuber gelandet. Wobei uns klar war, dass diese Banausen wahrscheinlich gar nicht wussten, was die verschrumpelten Dinger in den Beuteln für eine Bedeutung hatten.

Vor dieser letzten Episode hatte es Meinungsverschiedenheiten zwischen Mutti und unserem männlichen Weggenossen gegeben. Da war uns nämlich kurz vorher ein russischer Lkw entgegengekommen, dessen Fahrer anhielt und uns bedeutete, er würde uns mit über die Oderbrücke nehmen, wenn er auf dem Rückweg wäre.

Der Mann aber sagte, er wäre alter Eisenbahner und würde mit dem Zug fahren, in den Russen-Wagen würde er nicht steigen. Daraufhin lehnte auch Mutti das sicher freundlich gemeinte Angebot der Russen ab. Was letztendlich dazu führte, dass wir dann auf dem Waldweg überfallen wurden.

Ich sagte hinterher zu Mutti: „Hätten wir bloß auf den Lastwagen gewartet, dann wären wir nicht diesen Weg langmarschiert."

„Ja, ja", maulte Mutti, „du hat ja Recht, aber das hilft uns nun auch nicht mehr." Mit hängenden Köpfen und traurig über den letzten Verlust, trotteten wir nun recht mutlos weiter. – Was würde noch alles passieren? Materiellen Besitz konnten wir nicht mehr unser eigen nennen, wir besaßen nur noch unser Leben, würde uns das auch noch genommen werden, nachdem wir doch schon so viel erlitten hatten?

Jedenfalls erreichten wir langsam die Nähe unseres Zieles. Es tauchten aber schon sehr schnell neue Schwierigkeiten auf. Man ließ uns trotz des vorhandenen Ausweisungsbefehles, der uns nach Stettin beorderte, nicht über die Oder! Für die Polen, die hier zum größten Teil herumliefen, war die Gelegenheit zu günstig, erst einmal wieder die Deutschen zu schikanieren. Mutti wurde aufgefordert, bei der polnischen Miliz sauberzumachen und anschließend noch Trümmer zu beseitigen. Helga und ich waren in riesengroßer Angst. Uns hatte man nämlich in ein Zimmer gebracht, dort sollten wir warten. Helga heulte: „Nun ist Mutti auch noch weg, ich will jetzt gleich zu Mutti, Gitta, hol sie doch wieder her!" Ich spielte zwar manchmal die „große" Schwester, da ich immerhin schon stolze vierzehn Jahre geworden war, aber meine zehnjährige Schwester überschätzte meine Fähigkeit Wunder zu tun. Wie sollte ich das wohl anstellen? Nach vielen Stunden, so gegen Abend, kam Mutti endlich wieder zurück. Wir sprangen ihr überglücklich entgegen und umarmten sie ganz fest. Die Last der Angst fiel von uns ab, Mutti war wieder bei uns, nun konnte uns nichts mehr geschehen.

Man ließ uns dann gehen, und wir durften mit dem Zug bei Podejuch über die Oder fahren; jetzt hatte unser Ausweisungs-papier sogar Fahrkartenwert! Von dem Ehepaar, mit dem wir seit Zollbrück zusammen waren, hatten wir uns getrennt. Sie wollten versuchen, alleine weiterzukommen.

Nachdem wir über die Oder waren, forderte man uns auf, in einen Zug umzusteigen, der nach Berlin fahren sollte. Das wollten wir natürlich auf keinen Fall und entfernten uns heimlich vom Bahnhof. Inzwischen war die Dunkelheit angebrochen, und wir mussten uns für die Nacht ein Unterkommen beschaffen, weil wir nicht weitergehen und auf den Straßen bleiben durften. Aber eine Übernachtungsmöglichkeit fanden wir nicht. Die Häuser waren zum größten Teil zerbombt, wir suchten schließlich in so einem halbverfallenen Holzschuppen Unterschlupf. Mutti war der Meinung, dass er zu der früheren Zuckerfabrik von Scheune gehört hatte. Darin stank es grauenvoll.. Da es aber bereits stockdunkel war, konnten wir die Ursache nicht mehr erforschen. Als es dann gegen Morgen hell wurde, sahen wir die Bescherung, die den Gestank hervorgebracht hatte. Dieser Schuppen war als Klo benutzt worden, und zwar mussten da sehr viele Menschen gewesen sein! Wir hatten inmitten von Kot übernachtet, zudem lagen hier aufgeschlitzte Federbetten, sodass wir fast bis an die Knöchel mit Kot und Federn beschmiert waren, von der Kleidung ganz zu schweigen. Wir konnten uns nur notdürftig reinigen, stanken aber nun selbst wie eine wandelnde Latrine!

Und dann marschierten wir durch die ebenfalls sehr zerstörte Stadt. Mutti wusste den Weg über alle Trümmer hinweg trotzdem genau; woran und wonach sie sich orientierte, war uns unklar, sie fand jedenfalls „nach Hause" zum Wilhelm-Busch-Weg. In dieser Straße hatten ihre Eltern gewohnt. Wir kamen nach längerer Zeit dort an, das Haus stand noch, war aber völlig unbewohnt. Alle Wohnungstüren standen offen, sodass wir überall nachsehen konnten. Keine Spur von Leben, nichts deutete darauf hin, dass es hier noch Bewohner gab. Das Geschäft, das den Großeltern gehörte, war geplündert, alles lag durcheinander.

Dieser Anblick des absoluten Unbewohntseins gab uns den Rest, die Nerven hatten keine Möglichkeit mehr, diese neue Misere zu verkraften. Mutti rief immer wieder völlig verzweifelt: „Nun ist Schluss, ich kann das alles nicht mehr ertragen, ich kann nicht mehr!" Trösten konnten wir Mutti nicht; Helga und ich standen fassungslos diesem Ausbruch gegenüber. War das Mutti, die immer so stark gewesen war in der letzten Zeit? Was sollten wir bloß tun? Wir hatten zwar das Ziel unserer Wanderung erreicht, aber ohne Erfolg, denn die Großeltern waren weg. Lebten sie noch und wo? Wir waren so entsetzlich deprimiert, dass wir uns einfach fallenließen und alle drei heulten, dass eigentlich die Steine aufweichen mussten. Was nun, wohin? Nun waren wir hier, wo wir 1939 gewohnt hatten, nämlich in Stettin, aber offensichtlich alleine. Ob die Großeltern väterlicherseits noch lebten, war eine Ungewissheit, die noch vor uns lag, ob das die nächste herbe Enttäuschung werden sollte?

Und wieder einmal hatte das Schicksal ein Einsehen; als wir hier völlig verlassen und heulend auf dem Fußboden hockten, kam ein Mann auf das Haus zu. Es war einfach unglaublich, aber es war Großvater T.! Er hatte sich nach seiner Arbeit, zu der er von den Russen verpflichtet worden war, aus einem ganz anderen Stadtteil just an diesem Tage aufgemacht, um noch einmal nachzusehen, was von seinem Geschäft und der Wohnung noch existierte. Und dies war genau der Tag, an dem wir hier angekommen waren. Intuition, Ahnung, höhere Eingebung? Das waren Dinge, die über den menschlichen Verstand gingen, wir konnten einfach nicht begreifen, warum er gerade zu dieser Stunde und Minute hier eintraf, als sein einziges Kind und die Enkel völlig verzweifelt zusammengebrochen waren. Auch er glaubte an eine Halluzination, das konnte es einfach nicht geben, soviel Glück war in dieser Welt, die nur noch Grauen und Entsetzen zu bieten hatte, unmöglich. Gleich musste er doch aus seinen Wunschträumen aufwachen! Aber dass er nicht träumte, spürte er in wenigen Sekunden, als ihm drei schreiende und tobende Gestalten um den Hals fielen. Er konnte es im Augenblick gar nicht fassen, dass wir es waren, seine Tochter und die beiden Enkelkinder. Aber dann ging die Heulerei erst richtig los, und diesmal von vier Personen! Großvater T. heulte zur Gesellschaft feste mit. Nachdem wir uns einigermaßen wieder gefangen hatten, erzählte Großvater T., dass sie aus ihrem Hause geflüchtet und in einen anderen Stadtteil gegangen waren, um dort mit Verwandten zusammen zu sein. Warum die Menschen immer diese Fehlentscheidungen trafen, war nicht zu erklären. Denn das Haus von den Großeltern war auch heil geblieben, genau wie in Zollbrück alles heil war, als wir aus Danzig zurückgekommen waren.

Wir hatten uns von unserem übergroßen Glück, das auch sehr schwach machte, inzwischen etwas erholt und gingen dann zusammen in das jetzige Domizil der Großeltern. (Der Stadtteil ist mir entfallen, da es sich um Verwandte handelte, mit denen wir in den letzten Jahren keinen Kontakt gehabt hatten.) Als wir zusammen mit Großvater bei den Verwandten auftauchten, ging die Heulerei mit Großmutter vor Freude wieder von vorne los. Immerhin war Mutti ihr einziges Kind und somit hatten die Kriegsereignisse ihnen zwar wie allen anderen Menschen das Hab und Gut genommen, aber ihre Tochter und die Enkelkinder, besonders ihr Liebling Helga, die immer etwas von ihnen besonders verwöhnt wurde, waren gerettet. Und nun mussten wir wieder berichten. Es hieß immer:

„Frieda, warum seid ihr im März nicht nach Stettin gekommen, warum bist du nach Danzig gefahren?"

Was sollte Mutti darauf antworten, sie wollte doch damals zu ihrem Ehemann, zum Vater der Kinder. War das denn so falsch gewesen? Was hätte ihr hier in Stettin nicht auch alles passieren können.

Nachdem sehr viel erzählt wurde, erfuhren wir auch, dass Oma und Opa noch in ihrer alten Wohnung in der Boelckestraße in Braunsfelde wohnten. Nachdem wir uns einige Tage von den letzten Strapazen erholt hatten, machten wir uns auf den Weg nach Braunsfelde. Die Szene, die sich dort dann abspielte als wir ankamen, würde wie viele Situationen aus diesen entsetzlichen Tagen auch ewig in meinem Gedächtnis bleiben. Als wir bei Oma und Opa in der Wohnung standen, fragte Oma sofort nach unserem Papa, der ebenfalls ihr einziges Kind war. „Wo ist Bruno?" Diese Frage stellte sie mehrfach hintereinander. Wir mussten ihr sagen, dass wir alleine sind und ihr Sohn nicht mehr lebt. Nach Schilderung der Umstände des Todes von Papa fragte Oma immer wieder, warum sie mit ihren fünfundsiebzig Jahren lebte, warum Papa mit seinen dreiundvierzig Jahren sterben musste, es wäre doch anders gerechter gewesen.

Ja, was war denn überhaupt gerecht? Mein Gott, was hatten wir alles erlebt, was nicht gerecht war, aber wir hatten überlebt, ob ohne körperliche oder seelische Schäden, das würde sich später herausstellen. Zur Zeit, hatte ich persönlich noch so ein

Gefühl, als lebte ich unter einer Glasglocke, als würden sich viele Dinge ereignen, die ich nur als Zuschauer erlebte. Irgendwann kam immer wieder der Augenblick, dass ich auf das Aufwachen wartete, dass ich alles Entsetzliche nur in einem schweren Traum hatte mitmachen müssen. Würde sich dieser Zustand je ändern?

Oma und Opa hatten das Glück, weiterhin in ihrer alten Wohnung bleiben zu dürfen, sodass sich diese beiden alten Leute nicht so ganz schrecklich in ihren Lebensumständen ändern mussten. Angst und Schrecken durch Drohung, Plünderung und Schwäche und Hunger mussten sie genauso ertragen wie alle anderen auch.

Da die Großeltern T. nun mit ihrem Anhang nicht mehr bei den Verwandten in den engen Räumen wohnen bleiben konnten, suchten wir eine neue Unterkunft. Es war den Großeltern ganz recht, dass wir gegenüber ihres früheren Hauses im Wilhelm-Busch-Weg eine leer stehende Villa fanden, in die wir einziehen konnten. Ihre alte Wohnung bzw. das ganze Haus war inzwischen beschlagnahmt worden, sodass dort niemand einziehen durfte. Welchen Grund das hatte, war uns unbekannt. Jedenfalls wohnten wir nun in der für die Großeltern gewohnten Gegend. Wir richteten uns recht und schlecht in zwei Räumen dieser Villa ein, sodass die Wohnmöglichkeiten erträglich waren.

Wir lebten eigentlich ohne Aufgabe und ohne Ziel in den Tag hinein, was sollten wir auch schon anfangen. Da die Häuser in dieser Gegend zu einem großen Teil alle Bombenangriffe und Kampfhandlungen verhältnismäßig unbeschädigt überstanden hatten und sehr viele Wohnungen unbewohnt waren, stöberte ich oft in den verlassenen Räumen herum und sammelte alles Mögliche zusammen, wie zum Beispiel Tassen, Teller, Kannen, Vasen, Bestecke, kleine Bilder, eigentlich alles, was mitnehmenswert war. Die meisten Häuser waren von ihren ehemaligen Bewohnern verlassen worden und zum größten Teil auch geplündert. Abgeschlossene Räume gab es sowieso nicht mehr. Da auch absolut ungewiss war, ob die Leute überhaupt noch lebten oder ob sie in den Westen geflüchtet waren, kam das Gefühl, dass wir eigentlich Diebe waren, gar nicht auf. Wir nahmen die Dinge mit, die einen gewissen Tauschwert beinhalteten. Es hatte sich nämlich in einer anderen Gegend von Stettin, so ein bisschen mehr zur Stadtmitte hin, eine Art Flohmarkt mit fliegenden Händlern entwickelt. Auf diesem Markt wurde alles Mögliche verkauft bzw. es wurde darum gehandelt und geschachert und getauscht. Es wurden viele Dinge feilgeboten, die eventuell einen Interessenten finden könnten. Zahlungsmittel waren zum größten Teil andere Tauschgegenstände. Teilweise war es möglich, einmal ein paar Zloty zu erzielen, weil inzwischen sehr viele Polen nach Stettin gekommen waren, die sich nun in der Stadt recht häuslich niederließen. Diese Polen waren zum größten Teil arme Schlucker, die auch nicht mehr besaßen als wir. So fehlten ihnen natürlich allerlei Haushaltsgegenstände, die man in den Geschäften, die langsam eröffnet wurden, nicht kaufen konnte.

Es war ein ewiges Handeln und Feilschen, beide Partner wollten auf ihre Kosten kommen. Wir Deutsche tauschten auch untereinander Gegenstände aus, da uns so allerlei Dinge für den täglichen Bedarf fehlten. Die Polen suchten sich genau wie wir viele Sachen in den leeren Wohnungen zusammen, aber es fehlte eben doch an allen Ecken und Kanten für die einzurichtenden Haushalte. So war es möglich, wenn jemand besonders scharf auf ein Stück war, ihm mit dem Hinweis „das kostet drei Zloty" das Bargeld aus der Tasche zu locken. Bares Geld ermöglichte uns dann, in den Geschäften Lebensmittel zu kaufen. Und das war sowieso das Ziel dieses ganzen Handels, jedenfalls von seiten der deutschen Bevölkerung. Das Anbieten unserer Waren war gar nicht so leicht, es gab zu viele Verkäufer und zu wenig richtige Käufer. Großvater T., der ja Geschäftsmann war, staunte so manches Mal, wenn ich stur auf einem Preis bestand. Ich sagte häufig genug, „wir haben Hunger und müssen unsere Sachen verkaufen, verschenken kann ich sie nicht".

So gelang es uns, die Waren oft zu einem für uns günstigen Preis loszuschlagen. Wäre ich kein Kind, würde man mich als gute Geschäftsfrau bezeichnet haben! Dünn und mager wie ich war, nutzte ich dieses Aussehen aus, um Mitleid zu erregen, Hunger zu zeigen und auch mal ein paar Tränen zu zerquetschen.

Es muss gewirkt haben, denn wir bekamen manchmal soviel Zloty zusammen, dass wir tatsächlich so richtig Brot und Margarine in den polnischen Geschäften kaufen konnten. Oftmals mussten wir aber auch in Kauf nehmen, dass einige Polen die Sachen auf dem Markt, die ihnen gefielen, einfach einsteckten und mitnahmen, ohne irgendetwas zu bezahlen oder Tauschgegenstände herzugeben. Da half all mein Schimpfen nicht. Wir waren ja „nur" Deutsche, die froh sein sollten, dass man sie am Leben ließ. Das wurde uns häufig gesagt, eigentlich wären wir Ungeziefer, das vernichtet werden müsste.

So war es nun einmal, wenn ein Volk von einem anderen irgendwelche Leiden erfahren hatte, so war das nicht zu verzeihen, sondern man musste es zurückzahlen, möglichst kräftig sogar. Ob es nun die Unschuldigen traf, war dabei völlig uninteressant, es genügte, dass derjenige Mensch, dem man nun ebenfalls Leid zufügen konnte, von dem gegnerischen Volk stammte. Das war Jahrtausende so, und das mussten wir nun wieder am eigenen Leib erfahren.

Leider hatten wir nicht immer Glück mit unseren Verkäufen, es kam auch vor, dass wir den ganzen Klumpatsch wieder einpacken und mit nach Hause schleppen mussten. Das war deprimierend; da hatten wir uns so angestrengt, das Zeug erst einmal zu „organisieren", dann musste es zum Markt gebracht werden und am Ende war wenig abgesetzt worden. „Das macht nun wirklich keinen Spaß", meckerte ich gegenüber Großvater T., der eigentlich meist nur „stiller" Teilhaber bei unseren Ausflügen war.

Um unseren Lebensmittelbedarf etwas zu erweitern, wurden reichlich Hagebutten gesammelt, aus denen Großmutter dann Marmelade machte und auch Tee hervorzauberte. So ging das Leben einige Wochen dahin. Wir hatten uns an die neue Behausung gewöhnt, der Hunger war nicht allzu groß, weil es immer irgendeine Möglichkeit gab, an Lebensmittel heranzukommen. Plötzlich änderte sich eines Tages unsere Situation grundlegend. In unserer unmittelbaren Nähe wurde ein ganzer Straßenzug von den Russen besetzt, es waren so an die 270 Mann und

35 Offiziere. Zuerst waren wir völlig überrascht. Mutti meinte entsetzt: „Meine Güte, was nun wohl wieder alles passiert!" Aber die Befürchtung erwies sich als grundlos, wir stellten fest, dass zu so einer Truppe allerhand gehörte, unter anderem auch eine Küche. Mutti und ich hatten das große Glück (meine Güte, ich sage wirklich „Glück"!) bei dieser Truppe in der Abwaschküche arbeiten zu dürfen. Wir hatten uns überlegt, dass wir beide dafür am besten geeignet waren.

„Mutter ist schon zu alt und Helga noch zu jung", wurde von Mutti kategorisch bestimmt.

„Gitta und ich gehen da mal eben hin und fragen, ob man uns nicht für irgendeine Arbeit gebrauchen kann."

Wir hatten uns genau überlegt, dass das bedeuten würde, dass wir von den Russen aller Wahrscheinlichkeit nach auch etwas zu essen bekommen würden, und das war in dieser Zeit immer noch von größter Wichtigkeit.

Wir gingen aber mit einer gewissen Angst zu dieser „Bewerbung", konnten wir wissen, wie die russische Mentalität sich äußern würde? Durften wir so einfach in die Unterkünfte der Soldaten reinspazieren? Nun, jedenfalls wagten wir uns mit einem außerordentlich freundlichen „Sdrastwuitche" auf den Lippen in die Höhle des Löwen. Und wir wünschten auch innerlich von ganzem Herzen, dass die Russen einen „guten Tag" hatten, denn davon hing alles ab. Ein Soldat scheuchte uns erst einmal mit dem stupiden „pascholl, dawai" von dannen, aber wir gingen weder weg noch waren wir schnell dabei. So groß war die Angst nun auch nicht, dass wir uns so abweisen ließen. Und unsere Mühe wurde belohnt. Endlich erwischten wir einen Russen mit so schönen Schulterklappen auf den Ärmeln, auf den gingen wir los und erklärten, dass wir hier „rabotti" machen wollten. Und siehe da, dieser Herr war befugt, uns das zu genehmigen. Wir sollten die Abwaschküche in Ordnung halten. Wir mussten allerdings immer von sehr früh morgens bis spät abends dafür sorgen, dass stets sauberes Geschirr zur Verfügung stand. Bei rund dreihundert Menschen ist das schon eine ganze Menge abzuwaschen, vor allem war nicht so viel Geschirr vorhanden, dass die Leute dauernd frische Teller und Bestecke nehmen konnten. Wir waren in der Offiziersküche tätig, wo alles ein bisschen gesitteter zuging. Wir hatten ein „gutes Leben". Es war warm, denn inzwischen war der Winter angebrochen und es war bereits empfindlich kühl geworden. Wir wurden menschlich behandelt und hatten Nahrung im Überfluss. So schnell und so leicht, mit so wenig Freuden waren wir glücklich zu machen.

Wir durften die Essensreste von den Russen für unsere Angehörigen mit nach Hause nehmen, sodass zu diesem Zeitpunkt keine Hungersnot für uns mehr bestand. Es waren teilweise sogar so viele Reste, dass wir den Kindern, die an den Türen und Hintereingängen zu den Russen-Küchen warteten, ihre Kochgeschirre füllen konnten. Immerhin waren wir in ihren Augen die „Privilegierten", wir gingen bei den Russen ein und aus und hatten sogar die Macht, ihnen etwas von unserem Überfluss abgeben zu können. Sie standen für einen kleinen Rest oft stundenlang und sahen mit sehnsüchtigen Augen durch die Fensterscheiben. Ihnen war klar, dass wir einen günstigen Moment abwarten mussten, um ihnen ein bisschen Essen rauszureichen zu können. Wenn ein Mitglied des russischen Küchentrupps das einmal zufällig sah, machte es beide Augen zu und duldete es stillschweigend, denn es war verboten, die Essensreste zu verteilen, nur das direkt dort arbeitende deutsche Küchenpersonal durfte sie mitnehmen. Aber die Küchenchefin, eine ungeheuer strenge und auf Kommandoton bedachte Russin, brachte es fertig, je nach Laune und Ärger den Kindern die gefüllten Gefäße zu entreißen und den Inhalt auf den Fußboden zu kippen. Sie war enorm herrschsüchtig und darunter hatten nicht nur wir Deutsche zu leiden, sondern auch der niedere Mannschaftsgrad des Russenpersonals. Sie war höherer Offizier und alle hatten zu parieren. Diese Frau war eigentlich der einzige „Wermutstropfen" in unserer Idylle. Wir mussten zwar sehr viel arbeiten, aber die meisten Offiziere, die an der immer offenen Türe zur Abwäsche vorbeigingen, machten freundliche Bemerkungen und meinten „pomala, pomale rabotti". Aber langsam arbeiten dürfen wir nicht, dann kam bestimmt gleich wieder der „Küchenbesen".

Wir stellten eines Tages fest, wie niedrig die Bildung eines großen Teils der Russen war; sie wussten zum Beispiel nicht, wie die Toilettenbecken zu benutzen waren! Für das kleine Geschäft benutzten sei zwar das Becken, für das große Geschäft hockten sie sich auf den Rand der Badewanne. Wie es dann in solchen Räumen aussah, das würde bei einer Schilderung kein Mensch glauben. Es waren natürlich nicht alle Russen, die so handelten, aber doch ein ganz erheblicher Teil von ihnen.

Die männlichen Russen kamen mit der Zeit in die Abwaschküche mit allerlei kleinen Wünschen. So mussten wir manchmal stopfen, Knöpfe annähen oder sonstige kleine Näharbeiten machen. Ein Major hatte es besonders auf Mutti abgesehen. Sie hatte auch sein Zimmer etwas in Ordnung zu halten. Nur arbeiten für ihn? Das wurde mir nie ganz klar. Aber Mutti war eine junge Witwe, die wissen musste, was sie tat, sie war niemandem Rechenschaft schuldig. Ich fragte nicht danach, trotz aller Geschehnisse, die einem nun vierzehnjährigen Mädchen keine Geheimnisse mehr waren. Aufklärung über die Beziehungen zwischen Mann und Frau wurde uns durch die Ereignisse der Kriegskämpfe krass genug vor Augen gestellt, und zwar so brutal, dass es fast nichts Geheimnisvolles mehr gab.

In der Russenküche arbeiteten unter anderem auch Wassili und Marusja, ein junges Soldatenehepaar, als Köche; diese Leute waren zu uns besonders nett und freundlich. Wir verstanden uns ganz prima, da sie auch in der Lage waren, sich etwas in deutscher Sprache zu verständigen, und wir hatten ganz schnell einige Brocken der russischen Sprache gelernt. Und da passierte eines Tages etwas ganz Schreckliches. Marusja hatte Geburtstag und ihr Mann Wassili ging auf den Schwarzen Markt, der in der Stadt existierte, um für seine Frau eine Armbanduhr zu kaufen. Es war den Russen verboten, den Schwarzen Markt aufzusuchen, aber daran hielt sich keiner so recht. Jedenfalls kam Wassili von diesem Gang nicht wieder zurück.

Marusja kam immer aufgeregter zu uns in die Abwaschküche: „Du Frau", sagte sie zu Mutti, „weißt du, warum Wassili nicht kommt? Ich warte, warte!" Mutti nahm sie in den Arm, tröstete sie und lachte: „Pass auf, dein Soldat bringt dir auch etwas besonders Schönes mit."

Komisch fanden wir es allerdings auch, dass Wassili am Tage des Geburtstages seiner Frau solange fort blieb, denn die beiden waren wie die Turteltauben miteinander. Sie waren zwar beide der Roten Armee verpflichtet, aber sie waren ein Paar, da fiel ihnen das Soldatenleben wohl leichter. Als die Zeit immer weiterschritt, machte Marusja ihrem Vorgesetzten Meldung über die geäußerte Absicht ihres Mannes und dass er nun bereits seit Stunden überfällig war. Daraufhin wurde von den Russen ein Suchtrupp auf den Weg geschickt, um den Vermissten zu suchen. Man fand Wassili ermordet in einem alten abgestellten Straßenbahnwaggon. Der Tat verdächtigt und später überführt wurden zwei Polen, die ihm bei dem Schwarzmarktgeschäft die Rubel abgenommen und ihn umgebracht hatten. Es war – gerade weil ein russischer Soldat ermordet worden war – eine riesengroße Fahndung und Jagd nach den Mördern in Gang gesetzt worden. Jede Truppe, egal welcher Nationalität, reagiert da sehr allergisch. Es wurden diese beiden Polen gefasst und wie es hieß, sollen sie erschossen worden sein. Die arme Marusja war völlig zusammengebrochen. Sogar unser weiblicher Küchendrachen hatte Tränen in den Augen und versuchte, dem barschen Kommandoton einen mitleidigen Klang zu geben. Es gab also doch menschliche Gefühle für andere in ihrer Brust! Uns allen tat das arme Ding auch so leid, wir mochten die beiden gerne, und nun gab es keinen Wassili mehr. „Siehst du", sagte ich zu Mutti, „auch diese Leute, die doch unsere Feinde sein sollen, haben Kummer."

Für den ermordeten Wassili gab es eine große Trauerfeier. Wir sammelten aus den umliegenden Gärten die restlichen Herbstblumen zusammen und banden einen Kranz, den wir bei der Beerdigung niederlegten.

Hier weinten wir nun an einem Grab, das einen fremden Mann aufnahm.

Wir waren trotz aller Grausamkeiten, die wir von seinen Kameraden hatten erleiden müssen, doch nicht völlig herzlos geworden, wir konnten sogar um einen Russen trauern! War unser Gemüt, das so voller Hass war gegen alles was „Russe" hieß, so wandelbar? Aber einmal musste die Erfahrung gemacht werden, dass auch Menschen ein und derselben Nationalität gut und böse sein können. Vielleicht weinten wir nun an diesem Grab so bitterliche Tränen, weil es uns ja genommen worden war, am Grab unseres Papas weinen zu dürfen. Das spielte in dieser Situation ganz bestimmt eine große Rolle. Die Ehefrau war völlig verzweifelt, es war eine sehr junge Ehe gewesen, und die beiden hatten sich offensichtlich gut verstanden. Sie waren gemeinsam Soldaten und hatten gemeinsam als Köche gearbeitet, da war es schon schlimm für die junge Frau, nun alleine zu sein in einem fremden Land. So wurde also ein Mensch begraben, der gut und freundlich zu den Besiegten war. Aber das ist des Lebens Lauf, oft trifft gerade einen guten Menschen das Schicksal, die Bösen bleiben erhalten!

Im Laufe der Zeit setzten bei mir ziemlich schlimme Zahnschmerzen ein, die immer aggressiver wurden. Einen Zahnarzt für Deutsche gab es nicht, und die Polen, die sich inzwischen in vielen Berufszweigen in Stettin niedergelassen hatten, die behandelten keinen deutschen Patienten, sie hatten ja kein polnisches oder russisches Geld. Für unsere Arbeit bei den Russen erhielten wir nur Essen und Trinken, keine finanzielle Entlohnung. Wie sollte ich bloß die Schmerzen bekämpfen?

„Das wird immer schlimmer", stöhnte ich und hielt mir die Wange.

„Haben wir denn nirgendwo Tabletten?"

Aber woher nehmen, nicht mal stehlen konnten wir Medizin. Großmutter T. sagte, dass auch Alkohol helfen würde. Da stellte ich die Wodka-Gläser, die aus dem Offizierskasino in unsere Abwäsche kamen, auf den Kopf, sammelte die restlichen Tropfen, tränkte einen winzigen Wattebausch mit diesem Wodka und steckte den kleinen Pfropfen in das Zahnloch. Diese „Betäubung" hielt dann einige Stunden vor. Der schmerzfreie Zeitraum wurde aber immer kürzer. Später steckte ich Gewürznelken, die wir irgendwo gefunden hatten, in das Loch. Das war ein altes

Hausmittel, das Großmutter ebenfalls kannte. Aber das alles war ein Provisorium und eine ziemliche Qual für mich. (Später, als wir im Westen gelandet waren, wurden sehr schnell zwei Backenzähne gezogen!)

Ich hatte mit meinen vierzehn Jahren sehr hellblondes Haar, welches gerade von den mongolischen Männern bewundert wurde. Häufig fassten die Soldaten in meine Haare und sprachen von „Gold". Es kam oft ein Offizier mongolischer Abstammung in unsere Abwäsche, der sich offensichtlich in mich bzw. meine Haarpracht verknallt hatte. Es handelte sich um einen recht gebildeten Mann, der ein sehr gutes Deutsch sprach und schrieb. Eines Tages kam er mit einem Brief in der Hand in unseren Arbeitsraum und drückte mir den Umschlag in die Hand und murmelte dabei: „Hallo, Gitta, ich habe etwas für dich."

Ich war völlig überrascht, es kam zwar öfter vor, dass die Russen sich mit Mutti und mir unterhielten, aber einen Brief hatte noch keiner fabriziert. Was mochte da wohl drin sein? Ich war äußerst neugierig und öffnete das Couvert gleich. „Na sowas", kicherte ich und las Mutti den Inhalt laut vor. Aber „mein" Mongole verschwand schnell, nun wurde es wohl peinlich für ihn. Er hatte mir ein Gedicht gewidmet, in dem ich für ihn die „aufgehende Sonne" war und noch so einige poetische Dinge mehr. Für mich sehr schmeichelhaft und gleichzeitig lächerlich, sogar sehr lächerlich, ich dünnes Geripe eine aufgehende Sonne? Aber ich wurde gleich ein ganzes Stück größer, der meinte tatsächlich mich, denn die blauen Augen wurden ebenfalls entsprechend angehimmelt.

Wir hatten aber viel Spaß, wenn dieser mongolische Offizier ins Kasino kam und dabei immer in die Abwaschküche blickte und wohlgesittet grüßte. Auch solche Begegnungen ereigneten sich in unserem aufreibenden Leben, das war doch ein nettes Ereignis.

Wir hausten noch immer in der alten Villa, die nur wenige Minuten von unserer Arbeitsstelle entfernt war. Bei der russischen Offizierstruppe war ein Mann, der sich zu Mutti hingezogen fühlte. Zuerst sagte er nur guten Tag, und zwar in einem ausgezeichneten Deutsch. Er kam manchmal auf dem Weg zum Essen an unserer Abwaschküche vorbei und sprach ein paar Worte mit uns. Aber diesmal war die junge Generation nicht gefragt, dieser Soldat meinte Mutti. Zuerst machte er sich ein Gewerbe, um überhaupt mit Mutti Kontakt aufzunehmen. Er fragte sie – wirklich, er bat sie –, ob sie ihm wohl seine Wäsche flicken würde, Knöpfe annähen oder so. Wir fanden ihn sehr nett und lachten häufig, wenn er doch einmal ein komisches Wort sagte, das einen völlig anderen Sinn ergab als er eigentlich ausdrücken wollte. Er brachte seine Sachen zu uns nach Hause und blieb oftmals einige Zeit, um sich mit uns zu unterhalten.

Und dann wurde Mutti eines Tages krank, sie fühlte sich von Tag zu Tag elender, die Beine schwollen ganz enorm an. Das war eine böse Sache, denn nun musste ich alleine in der Abwäsche wirbeln, was gar nicht zu schaffen war. So wurde eine von den Russenfrauen mit in die Küche zur Hilfe abkommandiert.

„Ihr macht gute Arbeit", sagte Natascha, unser „Küchenboss", die sich im Laufe der Wochen als ganz umgänglich entpuppt hatte. „Da soll keine andere deutsche Frau kommen" ordnete sie an. Guter Rat war nun teuer, wie sollte Mutti denn wieder gesund werden? Da kam der Retter in der Not, „unser" Assadow. Dieser Offizier war ja nun schon seit einiger Zeit häufig bei uns gewesen und wir wussten eine ganze Menge über ihn. Er hatte erzählt, dass er aus Baku stamme und dort Lehrer gewesen sei bis er zur Roten Armee eingezogen wurde. Er musste so ungefähr vierunddreißig oder fünfunddreißig Jahre alt sein.

Und er sagte eines Tages: „Hört zu, so geht es mit Mutti" – so nannte er sie auch, weil wir so sagten – „nicht weiter, ich werde einen Doktor holen."

Assadow brachte tatsächlich das Kunststück fertig, mit dem Militärarzt der Truppe bei uns zu erscheinen. Der Arzt untersuchte Mutti und verordnete Medikamente.

„Wo sollen wir denn Medizin herbekommen?" fragte Großvater T. Aber Assadow besorgte sie. Woher? Keine Ahnung, jedenfalls brachte er die Medikamente mit. Wie es ohne diesen Arzt ausgegangen wäre, war ziemlich klar, denn das Wasser stieg langsam im Körper höher, sodass Mutti bereits Atemschwierigkeiten hatte. So war es diesem Russen zu verdanken, dass Mutti sich so langsam erholte und auch wieder ihre Arbeit aufnehmen konnte.

Eines Tages mussten wir uns eine andere Bleibe suchen, da ein höherer polnischer Beamter in die Villa einziehen wollte.

„Wo sollen wir denn nun hin", jammerte Helga, „hier war es doch so schön, mit dem Garten zum Spielen, den habe ich dann ja nicht mehr."

Großvater, der zuvor in dieser Gegend gelebt hatte, machte sich auf Erkundungstour. „So, Frauensleute, nun packt man eure Siebensachen ein, ich habe eine Wohnung gefunden", mit diesen Worten kam er am nächsten Tag in unsere Behausung. Er hatte genau gegenüber dem von den Russen besetzten Straßenzug ein Haus gefunden, in dem von den sechs Wohnungen nur zwei belegt waren. Nach Absprache mit den Hausbewohnern hatte er vereinbart, dass wir dort ebenfalls einziehen würden. Das war den Leuten ganz angenehm, denn je mehr Menschen zusammen waren, umso sicherer fühlte sich der einzelne. So waren wir nun in Blick- und Rufweite an unsere Arbeitsstätte herangerückt.

Inzwischen waren sehr viele Polen nach Stettin gekommen, die sich dort niederlassen wollten. Da sie arm und ohne großes Hab und Gut waren, besorgten sie sich ihre benötigten Gegenstände zu einem großen Teil durch Plündereien. Sie drangen in die von Deutschen bewohnten Häuser und Wohnungen gewaltsam ein. Die Bewohner unseres Hauses hatten die Haustüre mit Balken verbarrikadiert und vorhandene Fenster mit Zeitungspapier beklebt, damit man durch ein Spionloch in dem Papier zur Haustüre blicken konnte, um zu erkennen, wer dort Einlass begehrte. Es kam häufig vor, dass derart plündernde Banden von Haus zu Haus zogen und die deutsche Bevölkerung diesen Repressalien hilflos gegenüberstand. Plündern war zwar verboten, aber dabei mussten die Leute ja erst einmal erwischt werden, um dafür bestraft zu werden. Die Wohnung, in der wir nun wohnten, hatte einen Balkon, der in Richtung zu „unseren" Russen führte. Wenn die räubernden Cliquen mit Gewalt die Türen öffneten, liefen wir alle auf den Balkon und riefen mit voller Lautstärke „Assadow, Hilfe!". Das bewirkte Wunder, meistens verschwanden die Polen wieder, spätestens jedenfalls, wenn uns einer der Russen zur Hilfe gelaufen kam. Durch unsere Arbeit in der Abwaschküche und die Bekanntschaft mit Assadow waren wir den meisten russischen Soldaten in diesem Straßenzug bekannt. Und die Rivalität zwischen Russen und Polen war groß. Wo die Russen den Polen etwas anhängen und ihnen eins „auswischen" konnten, taten sie das mit Genuss. Und sie hatten uns arme deutsche Küchenarbeiter in ihr großes weites russisches Herz geschlossen. Wir hatten also eine relative Sicherheit.

Ja, und dann kam Silvester 1945. Da waren wieder einmal Plünderer bei einem Einbruchsversuch. Sie gingen diesmal mit ziemlicher Wut vor und wollten in die Fenster im Erdgeschoß eindringen. Wir standen auf dem Balkon und ließen den Hilferuf los. Assadow, der das Schreien zufällig hörte, kam sofort zu uns gelaufen. Er hatte gerade dienstfrei bekommen. Auf jeden Fall suchten die Polen, die wirklich sehr aggressiv aufgetreten waren, nun schleunigst das Weite. Wir waren in großer Aufregung, weil diese Räuberbande sich reichlich unbekümmert benommen hatte, und die Angst war beträchtlich, was würde passieren, wenn einmal nicht rechtzeitig Hilfe von den Russen kam?

Mutti war so erleichtert über Assadows Anwesenheit, dass sie ihm weinend um den Hals fiel. „Mutti, du musst nicht weinen, ich helfe euch doch", sagte er und streichelte ihr immer wieder über den Rücken. Nach Beruhigung der Gemüter verzogen sich Mutti und Assadow in ein anderes Zimmer. Es sollte sich erst sehr viel später zeigen, dass an diesem 31. Dezember 1945 ein Sohn gezeugt wurde. Es geschah sicherlich nicht aus Liebe, sondern durch eine Hingabe aus Dankbarkeit und Zuneigung. Dieser Sohn wird einmal erfahren, dass er nicht aus Gewalttätigkeit entstanden ist, dieses Wissen wird für ihn bedeutsam sein. Sein Vater war kein Verbrecher, der ihn durch Vergewaltigung ins Leben zwang. Sein Vater war ein Mensch; den wir alle sehr mochten.

Dieses Thema ist nicht in meine Schreibbefugnisse gelegt, das ist wohl ausschließlich eine Angelegenheit, die Mutter und Sohn angeht. Ich hoffe und wünsche aus meiner heutigen Sicht, dass Mutti ihrem Sohn diese Situation behutsam und mit mütterlichem Einfühlungsvermögen erklärt, hat. Denn ich habe meinen „kleinen" Bruder, der mir heute über den Kopf gewachsen ist, sehr gerne und es wäre mir schon eine Beruhigung, wenn er genau wüsste, wie es zu seiner Zeugung kam.

Mutti erlitt einen ziemlichen Schock, als sie dann nach Wochen feststellte, dass sie schwanger war. Solche Reaktion war in diesen Tagen nur zu natürlich, denn das brachte für sie ungeheure Komplikationen mit sich; kein Mensch wusste, wie die Zukunft werden würde, alles war so unbestimmt. Als ich erfuhr, dass Mutti ein Kind bekommen würde, war großes Entsetzen in mir. Mutti sollte von einem fremden Mann ein Kind zur Welt bringen? Hatte sie denn unseren Papa so schnell vergessen? „Warum hast du das getan", begehrte ich von ihr zu wissen. Sie ahnte, was in mir vorging und sagte: „Ach Kind, das wirst du erst verstehen, wenn du eine richtige Frau geworden bist. Es gibt Gefühle, die mit der Vergangenheit nicht verglichen werden können." Sie verstand mein Aufbegehren, denn sie wusste von meiner großen Liebe zu Papa. Die Sorgen, die Mutti sich in jenen Wochen über ihren Zustand machte, wurden später gegenstandslos. Trotz ihrer neununddreißig Jahre war sie körperlich nach den überwundenen Krankheiten und dem seelischen Kummer doch voll in der Lage, die Beschwernisse der Schwangerschaft zu ertragen. Und heute hat sie einen Sohn, den sie über alles liebt, es wäre ihr viel entgangen, hätte sie dieses Kind nicht in so späten Frauenjahren noch empfangen!

So Ende Februar 1946 war es dann, dass ganz plötzlich, ohne irgendeine Vorankündigung, die gesamte russische Gruppe, für die wir nun seit einiger Zeit arbeiteten, über Nacht abrückte. Als wir morgens wie gewohnt in unsere Abwaschküche gehen wollten, stellten wir fest, dass es hier nichts mehr zu tun gab, die Russen waren weg! „Was ist denn nun los", fragte Mutti ganz entgeistert, „wo sind die denn alle?" Wir liefen von einem Haus zum anderen …, nichts, keiner war mehr zu finden, alle Soldaten waren verschwunden. Die Schränke leergeräumt, alte

Klamotten, Papier, Flaschen lagen herum, es sah nach einem eiligen Aufbruch aus. Wir hatten am Vortage überhaupt nichts davon gehört oder gemerkt, dass die Truppe abrücken sollte. Auch Assadow hatte nichts gesagt oder sich anmerken lassen, er war doch gestern noch bei uns gewesen. Warum war die Truppe so geheimnisvoll abgezogen? Das war eine Frage, die wir nicht würden klären können. Nicht nur, dass wir nun ohne Existenzgrundlage dastanden, denn die Küchenarbeit von Mutti und mir hatte uns alle ernährt, sondern wir waren nun auch völlig ohne irgendeinen Schutz und den Plünderungen der Polen völlig hilflos ausgesetzt.

Als überall bekannt wurde, dass die russische Truppe aus dieser Gegend abgezogen war, da wurden die Plünderer gewalttätig. Immer häufiger wurden wir und die Mitbewohner in Angst und Schrecken versetzt durch Polen, die in den Häusern plündern und rauben wollten. Die Türen waren mit Balken verrammelt, da war ein Hineinkommen nicht ganz so einfach. Aber plötzlich kletterten eines Tages zwei Polen über den im Erdgeschoß liegenden Balkon eines Nachbarn in die Wohnung. Sie schlugen dazu die Fensterscheiben ein. Als sich der Nachbar wehrte, schlug einer der beiden Polen ihm eine Pistole auf den Kopf, sodass er erst einmal zu Boden ging. Wir waren alle sehr eingeschüchtert, als die Plünderer mitten im Haus standen. Damit waren sie trotz verbarrikadierter Haustür in die Wohnungen gelangt … und nahmen mit, was ihnen gefiel! Wir trugen zum Glück jetzt jederzeit, Tag und Nacht, dreifache Kleidung, um zumindest etwas zu retten, denn mitnehmenswert fanden diese Banditen fast alles. Diese Kleidung hatten wir auch irgendwoher geschenkt bekommen oder aus herrenlosen Wohnungen geholt.

Da fingen nun die unruhigen, angstvollen Stunden wieder von vorne an, denn es gab keine Möglichkeit mehr für uns, irgendwo Helfer herbeizurufen. Erst jetzt wurde uns das volle Ausmaß der Schutzlosigkeit klar. Großmutter lief zwar in Gedanken noch auf den Balkon und schrie schrill „Assadow, Hilfe", aber im gleichen Moment ging ihr auf, dass es ja keine Hilfe mehr geben konnte. Mitte März ballerte wieder jemand mit den

Fäusten an unserer Haustüre. Ein Pole in Uniform stand draußen und begehrte Einlaß. Er rief in deutscher Sprache: „Machen Sie auf, ich will nichts von Ihnen, haben Sie keine Angst." Mutti blickte misstrauisch aus dem Fenster und fragte: „Warum wollen Sie dann hier ins Haus?"

Daraufhin erklärte der Pole, dass er mit seiner Familie in der ersten Etage eine Wohnung beziehen wolle, weil seine Dienststelle dicht bei wäre. Wir waren der Ansicht, dass er wohl die Wahrheit sprach und öffneten die Haustüre. Ein paar Tage später zog dieser Pole mit seiner Frau und dem neun Jahre alten Sohn ein. Der Mann war beim polnischen Militär beschäftigt, die Frau mit dem Jungen kamen irgendwo aus Polen. Mit diesem Einzug war auch das gewaltsame Eindringen der Plünderer ins Haus und damit die Repressalien vorbei.

Es wurde sehr schnell bekannt, dass polnische Bürger in diesem Hause wohnten. Ich spielte bei dieser Familie Hausmädchen, das heißt, musste ich spielen, denn ich wurde ganz einfach dazu aufgefordert. Die Frau sprach recht gut Deutsch, ihr Großvater war noch Deutscher gewesen. Zu essen bekam ich auch, behandelt wurde ich nicht schlecht. Ich hatte so allerlei zu erledigen, waschen, stopfen, saubermachen, kochen und mit dem Hund spazierengehen. Lebensmittel waren genügend vorhanden, der Mann beschaffte sie offensichtlich en gros. Ich „zweigte" aus einem vollen Sack Mehl einige Portionen ab und ließ diese über den Balkon auf unseren Balkon, der direkt darunter lag, in einem Korb hinab. Somit erhielt auch die übrige Familie die Gelegenheit, mit dem Mehl eine Mahlzeit zustande zu bringen.

Oma und Opa, Papas Eltern, lebten in der Boelckestraße auch mehr schlecht als recht. Für die alten Leute war es natürlich noch sehr viel schwieriger, sich etwas an Lebensmitteln zu beschaffen. Wir nahmen von unserem „Überfluss" etwas bei unseren Besuchen mit. Oma und Opa aßen im Gegensatz zu den anderen Großeltern sehr wenig, sodass sie mit unserem Mitbringsel oft lange Zeit auskommen konnten. Es war deprimierend mit ansehen zu müssen, wie sich so alte Leute mühsam durch das jetzige Leben plagen mussten, immer Angst im Nacken, immer unsicher, was in den nächsten Stunden und Tagen passieren würde, es war für sie nicht einfach. Die Hoffnung, den Sohn wiederzusehen, die hatten wir ihnen auch nehmen müssen.

Oma konnte ihre Trauer nicht verbergen, wie häufig trafen wir sie still vor sich hin weinend an. So manches Mal nahm ich sie in den Arm und tröstete sie: „Oma, wir sind doch noch da, ihr habt uns doch behalten!" Opa murmelte nur: „Aber ihr seid nicht ihr Sohn!" Vielleicht wurde sie auch durch unseren Anblick immer wieder an ihren Bruno erinnert.

Wir trauten uns nicht so oft in die Boelckestraße. Es war immer mit einem gewissen Risiko verbunden, da nie vorsehbar war, ob wir auch wieder heil nach Hause gelangen würden. Unterwegs konnte alles Mögliche geschehen, niemand war während so eines Ganges auf den Straßen davor sicher, nicht ausgeplündert zu werden, egal ob von Deutschen, Polen oder anderen Genossen, denn Recht und Gesetz waren in diesen Zeiten absolute Fremdwörter.

Schon seit längerer Zeit schwirrten Gerüchte durch die Stadt, dass alle Deutschen evakuiert werden sollten, dass alle für Polen optieren müssten, dass die Ausweisung aus Stettin drohe. Niemand wusste etwas Genaues, jeder erzählte andere Geschichten, aber es war etwas im Gange, das noch nicht greifbar schien. Bereits im Herbst 1945 war von Ausweisungen gesprochen worden, es gäbe eine sowjetische Besatzungszone im Westen, dahin sollten die Deutschen gebracht werden. Im Winter aber war Ruhe eingetreten; nun im Frühjahr 1946 tauchte diese Angst wieder auf. Man dürfe nur mitnehmen, was man in den Händen tragen könne und es soll noch weiter nach Westen gehen.

Und eines Tages wurden wir dann konkret mit dieser Frage konfrontiert. Die Erwachsenen mussten zu einer polnischen Amtsstelle und eine Erklärung darüber abgeben, ob sie für Polen optieren oder ob sie Deutsche bleiben wollten. Im Falle einer Ablehnung würden die Deutschen aus ihrer Heimat ausgewiesen werden.

Großvater und Großmutter sowie Mutti führten heiße Diskussionen über dieses Thema. „Es ist doch wirklich die Höhe", schimpfte Mutti, „da haben wir hier in unserer Heimat seit einem Jahr die Hölle auf Erden gehabt und nun schmeißt uns dieses Polenvolk auch noch raus." „Na, Polen wollen wir ja erst recht nicht werden", das war Großmutters Reaktion. So war nach unseren bisherigen außerordentlich schlechten Erfahrungen, die wir im Umgang mit den meisten Polen hatten machen müssen, die Ausweisung nach Westdeutschland der goldene Lichtblick in eine bessere Zukunft. In Polen – Stettin war ja nun polnisch – wären wir zugrunde gegangen, das war eine unumstößliche Tatsache. Der Westen konnte unter Landsleuten nur das Paradies bedeuten; wir wussten allerdings nicht, was uns dort erwarten würde, aber wir kamen aus dem zur Zeit hier herrschenden Chaos erst einmal heraus.

Aber wir waren nicht alleine betroffen, auch Oma und Opa ereilte das gleiche Schicksal. Da mussten nun diese alten Leute ihre angestammte Heimat verlassen; Oma war 1870 in Stettin geboren und Opa 1874 in Podejuch, das hier war ihr Zuhause, nur Stettin, keine andere Stadt, hier hatten sie ihr bisheriges Leben verbracht, nun sollten sie auch diesen letzten Halt verlieren? Oma war völlig fassungslos. „Ich kann doch in meinem Alter nicht mehr in die Fremde gehen", weinte sie bitterlich. „Warum haben uns die Bomben bloß verschont, das alles wäre uns dann jetzt erspart geblieben." Aber es half kein Weh und Ach, es musste sein. So wurde mit Oma und Opa vereinbart, dass wir uns an die Adresse von Opas Bruder in Hannover wenden sollten, um zu erfahren, wo die einzelnen Familienmitglieder abgeblieben wären. Denn wir mussten getrennt abreisen, Oma und Opa kamen später mit der Abreise dran. Opa hatte noch kurz vor dem Zusammenbruch im vergangenen Jahr mit seinem Bruder Kontakt gehabt, sodass er meinte, dass diese Adresse noch bestehen müsste. Jedenfalls war das unserer Meinung nach die einzige Chance, sich wiederzufinden. – Um es vorwegzunehmen, es hat tatsächlich geklappt.

Stettin, April 1946:
Ausweisung in die britische Besatzungszone

Im April 1946 war es soweit, die Großeltern T., Mutti, Helga und ich gingen mit den paar Habseligkeiten, die wir mitnehmen konnten, und dem Ausweisungsbefehl zur Sammelstation Krekow. Zwei Tage lang verbrachten wir in einem Auffanglager. Wir mussten dann zum Torneyer Bahnhof und bekamen dort noch pro Kopf ein Kommissbrot in die Hand gedrückt. Auf dem Bahnhof herrschte ein heilloses, entsetzliches Durcheinander, keiner wusste wo und wann abgefahren werden sollte. Jeder sprach jeden an: „Wissen Sie, wann es endlich losgeht?" Mutti war nach diesen aufregenden letzten Tagen vollkommen ruhig. Sie hatte sich damit abgefunden, nun zum vierten Male ins Ungewisse getrieben zu werden. Einmal von Zollbrück nach Danzig, von Danzig nach Zollbrück, von dort nach Stettin und nun in die „Fremde". Denn Westdeutschland war uns fremd; trotzdem stand in allen Augen die bange Frage, würden wir tatsächlich in den Westen abgeschoben oder war das nur ein Vorwand, um die Menschen ruhig zu halten? Sollten wir gar in den Osten verfrachtet werden? Diese Stunden zeugten nicht gerade von großer Humanität der Vertreiber. Sie ließen uns wahrscheinlich ganz bewusst in Angst, wir waren ja nur überflüssige Deutsche, die sie loswerden wollten, egal wie und wohin.

Irgendwie landeten wir dann aber doch in einem Zug. Schotten dicht, und ab ging es. Wohin? Die Erwachsenen atmeten langsam auf, sie hatten anhand der Gegend erkannt, dass es nicht in den Osten ging.

„Vater, die bringen uns tatsächlich in den Westen", sagte Mutti fast freudig zu Großvater. Die Erleichterung war so ungeheuer, dass der Abschied aus der Heimat überhaupt nicht schmerzte, dafür waren die letzten Monate zu sehr mit Angst erfüllt gewesen, wir versprachen uns nun mehr Sicherheit, wenn wir dem Wirkungsbereich der Polen entfliehen konnten. Die Austreibung erschien fast als ein Lichtblick, weil wir endlich hoffen konnten, dann wieder ohne Angst leben zu können.

Nach einer langen Bahnreise, die immer wieder unterbrochen wurde, lud man uns Ende April 1946 im Flüchtlingsdurchgangslager in Bad Segeberg aus. Wir wurden in Massenquartiere gebracht, die völlig überfüllt waren. Es kamen sehr viele Menschen aus dem Osten, die alle untergebracht und versorgt werden mussten. Zuerst bekamen wir die Order, uns in den Entlausungskammern einzufinden. Dort wurden wir „desinfiziert". Alles hatte hier wieder die deutsche Gründlichkeit erlangt, nur wir hatten ja gar keine Läuse mehr! Aber das spielte keine Rolle, alle rein in die Desinfektion. Später erhielten wir provisorische Ausweise. Mutti wurde recht ironisch: „Seht ihr, mit einem Stück Papier sind wir nun in Westdeutschland eingebürgert!"

Dieser Lageraufenthalt war außerordentlich deprimierend. Wir waren Tag und Nacht mit unheimlich vielen Leuten in einem großen Saal zusammen. Zur Essensausgabe gab es dann ein Hasten und Schieben, jeder meinte, dass er der erste am Essensschalter sein müsse. Ich begriff nicht so recht, warum alle diese Eile hatten. „Stellt euch doch bloß vor, dass wir vor ganz kurzer Zeit noch unsere Mahlzeiten erbetteln oder stehlen mussten, hier bekommen wir doch alles geschenkt", konnte ich in dem Gedränge nur murren. Hier brauchten wir uns nur einer Schlange anzuschließen, an deren Ende es Lebensmittel gab, die uns nicht von einem übelgelaunten Russen oder Polen wieder weggenommen werden konnten. War das nicht schon ein großes Glück? Aber wehe, es wurde etwas verteilt, das man sich nicht selbst beschaffen musste, schon ging die Habgier um!

Nachdem wir ein paar Tage Lageraufenthalt hinter uns hatten, ging es wieder per Flüchtlings-Extrawaggons weiter in Richtung Norden. Wir sollten nach Flensburg gebracht werden. Wo lag diese Stadt wohl? Wir hatten keine Ahnung, wir wussten nur, dass Schleswig-Holstein das Ziel war. Wir landeten direkt an der deutsch-dänischen Grenze, denn Flensburg war nämlich die Grenzstadt. In Flensburg wurden wir dann wieder in ein Flüchtlingsmassenquartier eingewiesen. (Ich schreibe immer, … „wir wurden", dieses ist richtig. Denn einen eigenen Willen hatte keiner dieser Elendsgestalten, man verfügte über uns!)

Nach ungefähr vierzehn Tagen war der Verteilungsplan für diese Menschen soweit erstellt, dass wir fünf Leutchen für das Dorf Gottrupel in der Nähe von Flensburg einen Einweisungsbescheid erhielten. Es wurden doch noch ein paar Menschen mehr, denn da waren noch zwei Familien aus Stettin, die man auch für dieses Dorf einteilte, und zwar waren es zufälligerweise Bekannte von Großeltern T., ihre ehemaligen Geschäftskunden. Die eine Frau hatte drei Kinder ungefähr in unserem Alter und die andere Frau war ebenfalls Mutter von zwei Kindern, Gisela war so alt wie ich und der Sohn ein paar Jahre älter. Eine Frau war Witwe, die andere wartete darauf, dass sie eines Tages ihren Mann aus der Kriegsgefangenschaft wiederbekommen würde, ebenso einen Sohn, der auch Soldat gewesen war.

Jedenfalls bekamen wir den Auftrag, uns mit unserem Gepäck auf dem Hof des Barackengeländes einzufinden. Dort wartete ein gedeckter Lastwagen, den wir besteigen sollten. „Na bitte, nun werden wir wie die armen Sünder verfrachtet", das war Muttis Reaktion. Bei dem Bürgermeister des Dorfes „gab" man uns ab. Dieser musste nun anhand einer Liste der von ihm beschlagnahmten Zimmer in den einzelnen Häusern des Ortes die Flüchtlinge verteilen, was reichlich problematisch war, denn der Raum war knapp und kleine Zimmer hatten zur Folge, dass dort nicht so viele Personen eingewiesen werden konnten. Aber da wir als Familie zusammenbleiben wollten, wies man uns einem Kiesgrubenbesitzer im Ort zu. Wir erhielten ein Zimmer von ungefähr achtzehn Quadratmeter. Der Hausherr hatte ein paar Bund Stroh (waren wir eigentlich Vieh?) auf den Fußboden gelegt, und das war der Empfang in der „neuen Heimat"! Er war amtlich gezwungen worden, einen Raum für Flüchtlinge abzugeben, und das passte ihm überhaupt nicht. Er hatte die eine Zimmertür, die in seinen Schlafraum führte, zugemauert, an der Stirnseite des für uns bestimmten Raumes einen Durchbruch gemacht und eine Tür nach außen eingebaut. So hatte er die

Gewähr, möglichst keinen Kontakt mit diesen unmöglichen Menschen aus dem Osten zu bekommen.

Als wir bei ihm eintrafen mit fünf Personen und auf seinem Hof standen, die nun bei ihm einquartiert werden sollten, da bekam er sicher einen gewaltigen Schreck, er wurde jedenfalls äußerst unangenehm und rüde. Rund und wohlgenährt wie er war, stemmte er beide Arme in die Hüften und meckerte gleich: „Hören Sie mal, soviel Leute kann und will ich nicht in meinem Hause haben, hier können Sie nicht einziehen."

Mutti reichte ihm stillschweigend den Einweisungsschein. Er las ihn stirnrunzelnd und polterte los: „Der Bürgermeister spinnt wohl, mir das anzutun. Also, wo haben Sie denn Ihr anderes Gepäck, wer bringt das denn?"

Mutti starrte ihn entgeistert an: „Wieso anderes Gepäck? Unsere Sachen haben wir doch bei uns." Da fing er von neuem an: „Na, wenn Sie jemals etwas besessen haben, dann hätten Sie wohl ein paar Sachen mehr mitgebracht. Ihnen muss es früher verdammt dreckig gegangen sein, dass Sie nun nur so wenig Gepäck mitbringen. Und alles haben ja wohl die Russen nicht geklaut!"

Oh du meine Güte, dachte ich, hoffentlich brüllt Mutti nicht im gleichen Ton zurück; denn dann wäre wohl ein gemeinsames Einziehen mit den Großeltern in dieses zugewiesene Zimmer überhaupt nicht möglich.

Und wir hatten geglaubt, unter deutsche Landsleute zu kommen? Mit diesen Gedanken waren wir doch aus Stettin abgefahren, weil wir uns Verständnis von dem eigenen Volk versprochen hatten, und nun dieser Empfang? Mit welchen Hoffnungen waren wir in den Westen gekommen, und nun wünschte uns die hiesige Bevölkerung möglichst schnell zum Teufel. Gerechterweise mussten wir dann nach einiger Zeit unsere Voreingenommenheit, die auf Gegenseitigkeit basierte, revidieren. Herr P., unser Hauswirt, hatte inzwischen Gelegenheit festzustellen, dass auch Flüchtlinge richtige Menschen waren, denn das Klima in den Begegnungen gestaltete sich freundlicher. Im Prinzip konnten wir, wenn wir darüber nachdachten, natürlich verstehen, dass die Hausbesitzer überhaupt nicht glücklich über diese Flüchtlinge waren, die ihnen einfach von einer Behörde ins Nest gesetzt wurden. Aber sie hatten doch all ihren Besitz behalten, sie brauchten nicht ihre Heimat zu verlassen und irgendwo m einem anderen Landesteil wieder neu zu beginnen. Sicherlich sind dem einen oder anderen Einheimischen diese Gedanken später doch einmal durch den Kopf gegangen, denn im Großen und Ganzen wurde es nach mehreren Monaten so, dass die Flüchtlinge zumindest geduldet und auch nicht mehr so abfällig behandelt wurden.

Unsere Bekannten, die ebenfalls zwangseinquartiert worden waren, kamen auch ganz gut mit ihren Hauswirten zurecht. Unser Hausherr hatte nach einiger Zeit sogar eine alte Couch in unser Zimmer gestellt und ließ aufgrund seiner Kiesgruben-Besitzer-Verbindungen zwei Etagenholzbetten anfertigen, sodass Mutti auf der Couch, Großvater und Großmutter in den unteren Etagenbetten, Helga und ich im „oberen Stock" wohnten. Und das war nun das Leben für uns, auf so engem Raum mit fünf Personen. Auf einer kleinen Kochhexe wurde gekocht. Im Winter diente diese Kochstelle gleichzeitig als Ofen. Im Sommer war es daher im Zimmer während der Kochzeit kaum auszuhalten. Die Wärme durch die ausstrahlende Kochhexe war unerträglich. Aber das mussten wir aushalten. Für Mutti in ihrem inzwischen hochschwangeren Zustand war es die Hölle, das unwahrscheinlich enge Aufeinanderhocken mit Eltern und Kindern, die Hitze, niemals alleine, weder Tag noch Nacht, keine Ecke, in der sie einmal für sich sein konnte. Häufig sahen wir sie deprimiert draußen auf einem Holzklotz in der Sonne sitzen. Welche Gedanken mochten ihr wohl durch den Kopf gehen? Sie hatte alles verloren, Mann, Hab und Gut und die Heimat. Die Kinder waren ihr geblieben, aber wie sollte sie die Zukunft meistern, in Kürze erwartete sie ihr drittes Kind, dann würde alles noch schwieriger werden.

Wir lebten uns auch schwer hier ein. Es war zwar klar, dass wir nun in Sicherheit waren vor Russen und Polen, vor Plünderungen, Bedrohungen und großen Repressalien. Keiner konnte uns mehr unverhofft überfallen oder angreifen, wir waren frei. Aber sobald draußen, zumal nachts, irgendein Laut zu hören war, saßen wir alle hellwach und voller Angst in unseren Betten. „Still, ruhig bleiben, da draußen ist jemand", flüsterte dann derjenige von uns, der zuerst ein Geräusch hörte. Wir hatten doch einen so leichten Schlaf, der schon vom Husten einer Mücke unterbrochen werden konnte. Tief und fest zu schlafen hätte in den vergangenen Monaten so manches Mal eine Riesengefahr bedeutet, wie leicht wären wir da von Russen oder Polen überrascht worden. Man kann eben nicht über ein Jahr mit der lebensbedrohenden Angst leben und sie so plötzlich ablegen, dazu hatten wir zu gefährlich gelebt. Allmählich beruhigten sich unsere Nerven und Gemüter, wir wurden trotz aller Not gelockerter. Denn Not herrschte! Wir hatten unwahrscheinlich wenig zu essen; das Brennmaterial war ebenfalls sehr knapp. Wir erhielten zwar Lebensmittelkarten, aber die Mengen, die wir darauf kaufen konnten, reichten einfach nicht aus. Wir sammelten sehr oft Brennnesseln und bereiteten sie als Spinat zu. Wir suchten wildwachsende Brombeeren, die uns Marmelade lieferten. Von den Bauern wurden wir in keiner Weise mit Lebensmitteln unterstützt, so holten wir uns aus den Gärten manchmal heimlich Quitten, Äpfel oder Birnen, die wir ebenfalls zu Marmelade verarbeiteten. Kartoffeln waren außerordentlich rar. So manche Steckrübe, so sagte man hier zu Wruken, wanderte in unseren Kochtopf, die wir nicht kauften oder bezahlten, sondern von den Feldern gemopst hatten. Es ging also weiterhin ums Überleben, und zwar aus Hungergründen.

Da unser Wohnhaus direkt an der Chaussee lag und die Bauern ihre Milchkannen dort an bestimmten Punkten für die Meierei abstellten, kam mir eines Tages der Gedanke, diese Kannen, wenn sie nach der Meierei-Bearbeitung wieder zurückkamen, dem Bauern auf den Hof zu bringen.

Ich ging also hin und fragte bescheiden: „Wenn Sie mir Ihre Karre borgen, könnte ich Ihnen die Arbeit abnehmen und die Milchkannen auf Ihren Hof bringen. Darf ich das?" Erst war der Bauer perplex und wusste gar nicht, was er darauf antworten sollte. Aber dann „erlaubte" er mir, diese mit Magermilch gefüllten Kannen zu transportieren. Großvater oder Helga halfen dabei, denn für mich alleine war das Gewicht der Kannen zu schwer. Als Entgelt für diese Arbeit erhielten wir jeden Tag ein kleines Gefäß mit Magermilch, das war schon prima, das gab eine Dünnmilchsuppe mit Mais oder Gries extra.

Großvater hatte Gelegenheit, Stubben zu roden; es war eine schwierige Arbeit für ihn, denn der jüngste Mann war er auch nicht mehr. Abends stand er mit krummem Rücken vor der Tür und stöhnte: „Ich kann mich kaum noch bücken, lange halte ich das nicht mehr durch."

Aber am nächsten Morgen fuhr er mit mehreren anderen Leuten auf einem Leiterwagen doch wieder los. Wenn die Baumwurzeln endlich vor unserer Türe lagen – irgendein Bauer hatte seinen Pferdewagen beladen und dies Holz bei uns abgeliefert – machte Großvater sich daran, die Stubben kochhexengerecht zu zerkleinern. Eine mühevolle Arbeit für einen Mann, der auch nicht gerade wohlgenährt war.

Im Herbst 1946, wir waren Ende Mai hier eingetrudelt, hatte ich die Chance, bei einem Bauern für das Kartoffelsammeln engagiert zu werden. Dafür gab es den ganzen Tag annehmbar satt zu essen und außerdem einige Kilo Kartoffeln als Deputat. Das war eine feine Sache. Ich hatte den ganzen Tag besseres und reichlicheres Essen als zu Hause und konnte noch Kartoffeln mitnehmen. So bekamen wir für den kommenden Winter, von dem wir allerdings noch nicht ahnten, wie hart er werden sollte, ein wenig Vorrat, zumal uns dann erlaubt wurde, die bereits abgesammelten Kartoffelfelder noch nachzustoppeln. Bei dieser mühsamen Arbeit errangen wir nochmals Vorräte.

Genau unserem jetzigen Wohnhaus gegenüber stand die dänische Schule. Dort gingen viele Dorfkinder hin, die der deutschdänischen Minderheit angehörten. In dieser Schule wurden die sogenannten „Speckpakete" aus Dänemark mit Lebensmitteln und Kleidung an die Mitglieder der Minderheit verteilt. Ob nun alle diese verteilten Pakete auch wirklich an linientreue

Minderheitsmitglieder gelangten? Ich konnte mir vorstellen, dass so mancher Bürger eine Begeisterung für diese Partei zeigte, nur um an die schönen Sachen zu gelangen. Flüchtlinge waren sowieso nicht dabei! Aber ob linientreu oder nicht, neidisch waren wir schon, wenn wir sahen, wie dort die erstrebenswerten Pakete verteilt wurden.

Am 30. September kamen Großvater und ich vom Kartoffel-Stoppeln zurück und stellten fest, dass von irgendwoher handfestes Babygeschrei zu hören war. „Ach du meine Zeit", das war ein häufiger Ausspruch von Großvater, „nun ist es soweit, Frieda hat ihr Kind bekommen." Und es war tatsächlich so. Während unserer Abwesenheit war der sechste Mitbewohner unseres „großzügigen" Heimes angekommen. Mutti lag auf der Couch, die Hebamme war schon weg, sodass wir nun das Resultat des Tages begutachten konnten. Es hatte ein Junge, also eine männliche Verstärkung für Großvater, seinen Einzug gehalten. Mutti war unheimlich erleichtert, dass die Last der letzten Monate nun von ihr genommen war, das Kind war kräftig, und alle Gliedmaßen waren klein und niedlich vorhanden. Sie konnte endlich aufatmen. Die Angst, dass sich all die Aufregungen und Entbehrungen während der Schwangerschaft negativ auf das Kind ausgewirkt haben könnten, diese Befürchtung war nun vorbei.

Von jetzt an hatte Großvater eine neue zusätzliche Aufgabe: Wenn dieser Neuankömmling, der den Namen Ulrich erhielt, zu irgendeinem Zeitpunkt mit dem Schreien anfing, dann schaukelte Großvater den Kinderwagen neben seinem Etagenbett, den Wagen hatte die Kirche gestiftet. Das Kind hörte dann mit dem Geschreie auf, wir stellten aber bald fest, dass Ulrich nur sehr wenig weinte. Mutti konnte selbst stillen, sodass die Vollmilch, die sie auf Lebensmittelmarken extra für das Baby und sich erhielt, Helga und mir zu einem großen Teil zu Gute kam. Es gab auch so ein Kindernährmittel Pelargon, das wir für das Baby kaufen konnten. Häufig labten aber Helga und ich uns daran, es schmeckte wunderbar! Ulrich nahm lieber die Muttermilch.

Über Opas Verwandte in Hannover hatten wir, wie vorher in Stettin vereinbart, die Adresse von Oma und Opa erfahren. Sie waren erst einige Wochen nach uns aus Stettin herausgekommen. Man hatte sie in den Dithmarscher Raum eingewiesen, dort lebten sie ebenfalls auf dem Dorf, und zwar nahe dem Städtchen Heide. Sie wurden ganz unter das Dach einquartiert, wo sie nun täglich eine sehr steile Treppe hochkrabbeln mussten. Auch so eine Schikane, es gab wahrscheinlich bei den eingewiesenen Flüchtlingen auch noch jüngere Leute, denen das Treppensteigen leichter gefallen wäre, Aber über solche Dinge wurde wohl einfach nicht nachgedacht.

Dann kam der sehr schneereiche und kalte Winter 1946/1947. Teilweise waren die Schneewehen vor unserer Eingangstüre so hoch, dass wir die Türe, die nach außen aufging, gar nicht mehr öffnen konnten. Wir klopften oft kräftig gegen (die Wand zum Schlafzimmer unseres Wirtes, und der musste „seine" Flüchtlinge aus der Gefangenschaft befreien und die Türe einige Male freischaufeln.

Mit dem Heizmaterial gingen wir recht sparsam um, denn im Winter hätten wir keinen Nachschub erhalten. Die Kochhexe, die zugleich die Wärme für den Raum spendete, bekam zwar abends vor dem Zubettgehen noch zwei in Zeitungspapier gewickelte Briketts spendiert, aber über Nacht kühlte das Zimmer sehr aus. Morgens konnten Helga und ich dann Löcher in die zugefrorene Fensterscheibe blasen.

So gingen die Monate dahin, das neue Jahr kam, aber außer einer inzwischen wirklich drangvollen Enge in unserem winzigen Domizil hatte sich nicht viel ereignet. Helga war noch schulpflichtig und besuchte die Dorfschule. Ich mit meinen inzwischen sechzehn Jahren war der Schule entronnen, eine Schulpflicht bestand für mich nicht mehr. Eine Lehrstelle, egal in welcher Branche, gab es für Flüchtlinge auch nicht. Oh nein, das sagte man uns selbstverständlich nicht! Wenn ich brav und sittsam zu einer mir vom Arbeitsamt empfohlenen Firma zur Vorstellung ging, wurde mir erst einmal die Frage gestellt: „Sprichst du denn auch dänisch?", was natürlich nicht der Fall war. So war eine Ablehnung, sofern ich überhaupt jemals die Chance hatte, mich vorzustellen, von vornherein einkalkuliert.

1947 belegte ich in Flensburg einen Kursus für Schriftwechsel und allgemeine Büroarbeiten. Ich musste allerdings schon recht forsch marschieren, um in ca. einer Stunde nach Flensburg zu gelangen, öffentliche Verkehrsmittel gab es noch nicht. Der Postbus fuhr zwar bei uns vorbei, hatte aber hier keine Haltestelle. Teilweise bot sich die Gelegenheit, mit einem Pferdewagen mitzufahren, sodass der Weg nicht so mühsam war. Aber diese Annehmlichkeit ergab sich selten.

Ich wollte durch Belegung dieser Kurse in irgendeiner Form meinem Ziel, Sekretärin zu werden, auch ohne Lehrstelle näherkommen. Ich befand mich in einer Phase, die mich rastlos machte, ich wusste nicht, was aus mir werden sollte. Eine Lehrstelle gab es nicht, andere Arbeit war auch nicht zu bekommen, ich musste mich beschäftigen, und zwar geistig. Meine körperlichen Kräfte waren nicht so überragend, als dass ich nun Holz hacken konnte oder dergleichen. Ich wollte etwas schaffen, aber wie konnte das geschehen? Die Möglichkeiten waren so gering, und da setzte die Eigeninitiative ein, zumindest den Versuch zu starten, durch einen Kursus Wissen zu erlangen. Allerdings konnten diese Kurse nur während der Sommer/Herbst-Monate belegt werden, weil der Fußmarsch im Winter sowieso nicht zu bewältigen war, jedenfalls nicht mit dem Schuhzeug, das wir besaßen, und die Dunkelheit herrschte in der winterlichen Jahreszeit auch, vor der wir immer noch ein wenig Angst hatten.

Ich war in der Schule bereits in Englisch unterrichtet worden und schloss mich in Flensburg einem kleinen Teilnehmerkreis an, den jemand aufgezogen hatte, um sich einen minimalen Verdienst zu sichern. Dort lernten wir – das heißt, wir versuchten es –, die englische Sprache zu beherrschen. Ich wollte diese Fähigkeit erlangen, weil ich, wie so viele andere junge Mädchen, die Absicht hegte, als Hausgehilfin nach England zu gehen. Das war eine Möglichkeit, die sich ab und zu bot; deutsche Mädchen waren begehrt, weil sie arbeiten konnten und wollten! Wenn ich so eine Stelle bekäme, würde ich zwei Fliegen mit einer Klappe schlagen; ich wäre in Arbeit und Brot und würde Englisch wahrscheinlich einigermaßen gut erlernen können. Dies scheiterte letztendlich daran, dass ich Muttis Einwilligung benötigte, da ich noch nicht volljährig war. Und diese Einwilligung erteilte Mutti mir nicht. Mit vielen Argumenten begründete sie das, die für mich aber alle nicht einsichtig waren. Denn die angeblich fehlenden körperlichen Kräfte hatte ich wohl zur Genüge in Danzig bewiesen, als es darum ging, mit völlig leerem Magen Dinge zu vollbringen, die nun mit vollem Bauch sehr leicht sein würden!

„Nein, Gitta, das erlaube ich nicht, stell dir vor, du wirst krank oder bekommst Heimweh, dann bist du so weit weg von Deutschland."

Alle Bitten halfen nicht, ich durfte nicht weg.

Ein anderes Mädel aus unserem Ort kam nach einem Jahr zum ersten Mal aus England auf Urlaub nach Hause. Sie war toll angezogen, rund und satt. Sie hatte es dort in England gar nicht so schlecht getroffen. Ihr Jahr war herum, aber sie wollte wieder einen neuen Vertrag abschließen und dann für längere Zeit in Großbritannien bleiben. Mir erschien das als eine erstrebenswerte Angelegenheit, ob sie es wirklich geworden wäre, war vielleicht zu bezweifeln, aber die englische Sprache hätte ich zumindest erlernt!

Mutti hatte irgendwann damit angefangen, für ein Flensburger Handarbeitsgeschäft Pullover zu stricken. Sie bekam von dem Geschäft die Wolle zur Verfügung gestellt und erhielt für den fertig gestrickten Pullover den Handarbeitslohn. Die sogenannten Norwegermuster waren sehr modern, aber es war eine mühselige Arbeit, die gering bezahlt wurde. Mutti strickte wirklich wunderhübsche Muster. Wie oft saß sie nächtelang und arbeitete, wenn das Geschäft einen Termin festgelegt hatte.

Da wir eigentlich immer Hunger hatten, der zwar nicht mehr so bohrend war wie in Danzig oder Stettin, konnten wir von dem Arbeitslohn für das Stricken und für den Erlös der Zigarettenmarken, die Mutti zustanden, auf dem „Schwarzen Markt" zusätzlich Brotmarken kaufen. Es war aber immer ein Handel, der viel aufgeregtes Herzklopfen verursachte, denn es gab häufig eine Razzia, und alle Käufer und Verkäufer versuchten zu türmen. So manch einer wurde geschnappt, was bedeutete, dass man sagen konnte „wie gewonnen so zerronnen!". Ich hatte ja schon „Markt-Erfahrung" vom Trödelmarkt in Stettin mit den Polen, sodass ich nun hier Mutti tatkräftig unterstützen konnte. Der Wert für eine Brotmarke entsprach vierzig Reichsmark; Mutti erhielt für einen Pullover stricken zwanzig bis dreißig Reichsmark, das war dann ein sehr „schweres Brot", denn in so einem Pullover steckten viele Arbeitsstunden. Aber so kamen wir zusätzlich in den Genuss einer größeren Menge Brot, als uns amtlich zugeteilt wurde.

Dazu muss ich noch eine kurze Darstellung der inzwischen gespannten Lage unseres Zusammenlebens auf so engem Raum geben. Es lebten drei Generationen auf diesem rund achtzehn Quadratmeter Wohnraum! Großeltern T. waren teils recht egoistisch, ganz besonders bezüglich der zugeteilten Essensrationen. Es stimmte nicht, dass die ältere Generation weniger Nahrung bedurfte als die heranwachsende Jugend. Großmutter machte nach dem Abschneiden vom Brot eine Kerbe in den Laib, sodass keiner von uns auch nur hätte eine winzige Stulle extra ergattern können, jeder bekäme seine zugeteilten Markenrationen, mit der er eben auskommen müsste. Das war ihre Devise.

Mutti hatte – eigentlich unverständlich, wie ihr das immer gelungen war – ihr Postsparbuch und das von Helga und mir gerettet, und damit besaßen wir 12.000 Reichsmark, von denen Mutti auch noch Extrageld für „schwarzes" Brot ausgeben konnte. Wir kauften uns, wenn wir alleine in der Stadt waren, ein Brot, mit dem wir uns den Bauch vollstopften und heimlich noch etwas mit nach Hause brachten und abends, wenn alle im Bett waren, das Brot, das wir unter die Kopfkissen gelegt hatten, noch trocken „vernaschten", denn die Großeltern sollten davon nichts wissen. Früher, als die Welt und unser Leben sich noch bester Ordnung erfreuten, waren die Großeltern großzügiger gewesen, da gaben sie von ihrer Fülle an Tochter und Enkelkinder ab, aber jetzt nicht mehr. Hatte sich ihr Wesen durch die schrecklichen Ereignisse so verändert, was war mit ihnen geschehen? Es konnte kein natürliches Verhalten gegenüber ihren Kindern sein. Wir standen mit Oma und Opa in regem Schriftwechsel. Wir konnten uns nur durch Briefe gegenseitig über unser derzeitiges Dasein unterrichten. Aber im Frühjahr 1947 kam Opa zum ersten Mal nach Flensburg, für Oma war die Fahrt zu beschwerlich. Die Bahnverhältnisse waren äußerst katastrophal. Die Züge waren so überfüllt, dass die Menschen auf den Trittbrettern, zwischen den Zügen auf den Puffern und auf den Dächern mitfuhren.

Dieser Besuch von Opa hatte einen ganz bestimmten Grund: Er kam zu Ulrichs Taufe.

Es war Mutti nicht leichtgefallen, Oma und Opa von ihrem Zustand zu schreiben, in Stettin war die Schwangerschaft noch nicht offensichtlich gewesen. Als wir dann aus Hannover Antwort auf unsere Frage nach Opas Adresse erhielten, setzte Mutti sich hin und schilderte ihren Schwiegereltern brieflich die Situation. Sie bat Opa, dass ihr Kind, das sie im September erwarten würde, den Familiennamen tragen dürfe. Sie war der Meinung, dass Opa die Zustimmung dazu geben müsste. (Heute weiß ich, dass dieses laut Paragraph 1617 BGB nicht nötig gewesen wäre, denn dort heißt es, dass das nichteheliche Kind den Familiennamen erhält, den die Mutter zur Zeit der Geburt des Kindes führt. Ich muss sagen, dass Opa sich, der nichts von dieser gesetzlichen Regelung wusste, sehr generös verhielt. Für ihn war es eine Selbstverständlichkeit, dieses Einverständnis zu geben.) Ja, wie gesagt, Opa kam zur Taufe nach Gottrupel. Mit Familie P., unseren Wirtsleuten, hatten wir inzwischen ein ganz gutes Verhältnis. Sie boten Mutti vor der Taufe an:

„Ihr Zimmer ist ja viel zu klein für so einen Anlass, wir stellen Ihnen unser Wohnzimmer zur Verfügung."

Da es eine Haustaufe werden sollte, war Mutti sehr dankbar. Frau P. wurde auch Taufpatin und zauberte sogar ein Festmahl auf den Tisch.

Es wurde dann wieder viel über die Vergangenheit gesprochen, wie die Zukunft für den Täufling einmal aussehen würde, daran mochten wir nicht denken. Gab es denn überhaupt eine gute

Zukunft? Zur Zeit sah es danach jedenfalls nicht aus. Auch jetzt im Frühjahr 1947 herrschte noch Mangel an allen wichtigen Dingen des Lebens. Kleidung und Lebensmittel waren außerordentlich knapp. Wir konnten uns auch nicht vorstellen, wie oder wann diese Lage sich ändern sollte.

Opa blieb ein paar Tage, und als er wieder abfuhr, durfte ich mit nach Dithmarschen fahren. Dort habe ich Oma nach so langer Zeit wiedergesehen. „Oma, endlich bin ich bei dir", heulte ich an ihrer Schulter. Sie zerquetschte ebenfalls einige Tränen und war glücklich, ihre Enkeltochter umarmen zu können.

Sie hatten wirklich so ein winziges Zimmer im Frühsommer 1946 hier in Lieth zugewiesen bekommen, in das gerade nur zwei Betten, zwei Stühle, ein Tisch und ein Schrank reinpassten, selbst dann mussten sie sich beide dünn machen, um drin umhergehen zu können.

Oma und ich schliefen zusammen in ihrem Bett, eine andere Schlafgelegenheit gab es für mich nicht. Da war mein „oberstes Stockwerk" im Etagenbett in Gottrupel direkt ein Luxus, den ich nun ein wenig vermisste. Nachts stieß ich Oma dann mehrmals an und flüsterte leise: „Oma, du schnarchst so doll", aber sie schlief weiter und hörte mich gar nicht.

Opa und ich gingen oftmals los zum Hamstern, denn hier waren die Dithmarscher Bauern zu Hause. Und wir brachten auch einiges an Essbarem zusammen. Zum Teil schnorrten wir um Korn, das wir beim Bäcker gegen Brot eintauschen konnten. Aber Oma und Opa hatten ihre Zigarettenmarken, und da beide nicht rauchten, waren diese Marken ein Tauschobjekt, mit dem etwas eingehandelt werden konnte. Sogar Fleischkonserven gab es dafür, eine feine Sache, denn sie hielten sich länger als nur ein paar Tage.

So blieb ich ungefähr drei Wochen bei den Großeltern, und in dieser Zeit hamsterten wir viele Lebensmittel zusammen, die ich mitnehmen konnte, als ich wieder abfuhr.

Opa brachte mich zum Zug, und ich musste mit meinem schweren Rucksack auf dem Rücken draußen auf dem Trittbrett stehen, weil die Bahn bereits völlig überfüllt war. „Gitta, halt dich nur gut fest, damit du nicht abrutschst", ermahnte mich Opa. Er hatte gut reden, der Rucksack zog mich fast schon ohne Fahrtwind runter, wie sollte da bloß die Reise heil überstanden werden! Ich hatte ganz gemeine Angst, denn ich musste mich gewaltig anstrengen, um die Griffe von den Abteiltüren richtig fest zu packen. Nicht abrutschen oder nicht loslassen war leichter gesagt als getan.

Mein Gepäck bestand nicht nur aus Naturalien, sondern ich hatte außerdem auch noch Lebensmittelmarkenabschnitte von Oma bekommen.

Diese Großeltern hatten sich so völlig verschieden von den anderen Großeltern gezeigt. Sie waren nämlich der Meinung, sie seien bereits alt, ihr Leben hätten sie mehr oder weniger hinter sich, sie wollten der Jugend, also uns, helfen. Sie aßen beide nur kleine Mengen und erübrigten dadurch von ihren Lebensmittelrationen noch kleine Zuwendungen für uns.

Nun ja, es konnten nicht alle Menschen der gleichen Ansicht sein, nur wir mussten nun ganz persönlich zwei sehr krasse Gegensätze erleben und feststellen, dass Großeltern egoistisch oder uneigennützig sein können. Glücklicherweise machte ich jetzt die Erfahrung, dass Oma und Opa ein gutes Beispiel fürsorglicher Liebe gaben.

Die Freude über all diese Köstlichkeiten war groß, als ich wieder nach Gottrupel zurückkehrte. Da hatten wir nun für einige Zeit allerhand zusätzliche Lebensmittel zur Verfügung. Und Großeltern T. aßen ordentlich mit, … auch ohne eigene zugeteilte Lebensmittelrationen!

Wir gingen sehr oft ins Kino. Es war billig, man bekam immer einen Platz, der im Winter außerdem warm war. Wir mussten dazu allerdings nach Flensburg laufen, aber den Weg kannten wir inzwischen wie im Schlaf, weil wir sehr häufig in die Stadt wanderten. Es kam vor, dass wir in einer Vormittagsvorstellung waren, dann irgendwo auf Lebensmittelmarken Steckrübenmenü aßen und anschließend wieder zur frühen Nachmittagsvorstellung im Kino saßen! Dies war im Prinzip die einzige Abwechslung, die wir uns leisteten. Es gab kaum etwas anderes, was wir hätten tun können, um aus dem täglichen Einerlei herauszukommen. Außerdem versetzten uns die Filme in Illusionen, die wir uns in Wirklichkeit gar nicht vorstellen konnten. Welch eine heile Welt gab es dort im Kino; die Sorgen blieben für diese Zeit außerhalb des Filmtheaters, und das war auch etwas wert.

Einmal erfuhren wir, dass es in einem nahegelegenen Flüchtlingslager einen Mann gab, der Holzpantinen anfertigte und diese zu hohen Preisen verkaufte oder gegen Lebensmittelmarken eintauschte. Ich weiß nicht mehr genau, wie wir ihn entlohnten, mir ist nur noch in Erinnerung, dass unser ganzer Clan mit diesen Holzpantoffeln versorgt wurde. Und dieses sogenannte Schuhzeug hielt auch wirklich recht lange. Das Oberleder war aus Stiefelschäften gemacht und die Sohlen aus Holz. Am Anfang bildeten sich allerhand Blasen an den Füßen, weil das alles sehr hart und sperrig war. Aber mit der Zeit gewöhnte ich mich auch daran, und die Füße wurden abgehärtet und nicht mehr so empfindlich.

Im Sommer 1947 verdiente ich einiges Geld damit, dass ich auf die Felder bzw. auf die Weiden ging und Blumen pflückte, die ich zu hübschen Sträußen band. Ich hatte vorher die Bauern gefragt, ob die Blumen unbedingt vom Vieh vertilgt werden müssten oder ob ich sie für mich pflücken dürfe; ich durfte! Morgens stand ich sehr früh so gegen vier Uhr auf und ging auf die Felder, holte mir den benötigten Vorrat, setzte mich zu Hause hin und band die Sträuße. Es gab Mohn- und Kornblumen und Feldmargeriten, das ergab zusammen mit Korn eine schöne Zusammenstellung. Anschließend trabte ich mit einem Korb voller Sträuße bis nach Flensburg. Ein weiter und beschwerlicher Weg mit der Last. Ich stellte mich auf den Wochenmarkt und verkaufte die Blumen. Aber eines schönen Tages wurde ich vom Marktaufseher geschnappt. Er verbot mir den Verkauf, weil ich kein Standgeld bezahlte. Aber ich konnte doch von den paar Finnahmen nicht noch einen Betrag abzweigen, der für Standgeld draufging. Da kam mir die Idee, mich so um die zweihundert Meter vom Markt entfernt an einer Straßenecke aufzustellen, und machte noch bessere Geschäfte, denn auf dem Markt waren viele Verkäufer, aber etwas entfernter war fast niemand mehr. Dieser „wilde" Markt war im Prinzip natürlich ebenfalls verboten, aber angezeigt hat mich niemand. Ich verdiente mit dieser Arbeit einige Reichsmark, die auf den „Schwarzen Markt" wanderten, um in Naturalien eingetauscht zu werden. Welche Mühen und Lasten mussten wir auf uns nehmen, nur um ein paar Lebensmittel zusätzlich zu erhalten, die im Grunde doch auch nicht richtig satt machten.

Als die Jahreszeit für die Feldarbeiten herankam, arbeitete ich wieder bei den Bauern. Die Rüben und Kartoffeln mussten gehackt werden, das Unkraut war zu beseitigen. Wieder als Lohn das tägliche Essen und manchmal zusätzlich ein Kilogramm Mais oder Grütze, manchmal auch Mehl und Milch. Ja, das waren „erfolg- und ertragreiche" Zeiten! Wir wurden so langsam satt, wenn auch mehr von Füll- als von Nährstoffen, aber immerhin war das direkte Hungergefühl beseitigt. Unser Leben konnte nun fast als geregelt gelten. Unser sechster Palastbewohner entwickelte sich prächtig, er war eine reine Freude für uns. Das heißt, für mich nicht immer. Denn Großmutter und Mutti teilten die Auffassung, es könne mir gar nicht schaden, bei Zeit zu erlernen, wie schmutzige Babywindeln zu säubern sind, wie man einen kleinen Burschen sauberhält. (Geschadet hat es mir nicht, aber leider war diese erlernte Fähigkeit in meinem späteren Leben doch nie zu verwenden!) Am liebsten fütterte ich Ulrich, weil ich dabei auch mal so ein bisschen von seinem Kindernährmittel naschen konnte. Er wurde aber trotzdem groß und stark! Außerdem hatte Mutti das große Glück, dass sie ihren Sohn über einen sehr langen Zeitraum stillen konnte. An seinem zweiten Geburtstag wurde der „Hahn" rigoros zugedreht, bis dahin hatte Mutti nämlich die unwahrscheinliche Möglichkeit, ihn noch nähren zu können.

Es war schon drollig, wenn der kleine Kerl Mutti entgegenlief und bettelte: „Mutti, ich will Titi haben." Er war bereits in der Lage, recht schnell zu laufen, und wenn wir aus Flensburg zurückkamen und er war bei der Großmutter geblieben, kam er Mutti schon mit diesen Worten auf der Straße entgegen. Damit war nun endgültig Schluss, und er hat noch längere Zeit versucht, doch wieder in den Genuss und an die Quelle zu kommen, und fing manchmal an:

„Mutti, ich will …“, wobei sie ihm ins Wort fiel und nur sagte: „Damit ist Schluss!“

Beim Kartoffelsammeln bei den Bauern im Herbst 1947 holte ich mir eine beginnende Gelenkrheumaerkrankung, die den ganzen Winter über anhielt und mir sehr zu schaffen machte. Ich konnte kaum noch knien, die Kniegelenke waren sehr stark angeschwollen und schmerzten enorm. Der Arzt, der einige Kilometer entfernt in dem Ort Weiche wohnte und zu dem ich immer zu Fuß hinmarschierte, gab mir Bienengiftspritzen, die ein fürchterliches Brennen verursachten. Ich trottete oft heulenderweise den weiten Weg nach Hause. Aber es brachte Linderung, das Knierheuma ließ im Laufe der Monate nach, sodass die Schmerzen fast verschwanden.

Da es keinerlei Kosmetika zu kaufen gab, wir aber sehr unter aufgesprungener und rauher Haut an den Händen litten, galt es, ein altes, von Großmutter T. praktiziertes Rezept zu benutzen: Man musste seinen eigenen Urin über die Hände laufen lassen, was zwar entsetzlich auf der Haut brannte, aber half! So mussten wir uns mit solchen Dingen behelfen, und die alten Leute kannten eben noch derartige „Haustricks“.

Ab und zu gab es Kleiderspenden, bei denen auch wir bedacht wurden. Wir hatten kein eigenes Zeug mehr, und wir Kinder wuchsen natürlich aus allen alten Sachen heraus. So schlugen wir uns durch die Zeiten, Essen und Trinken waren da, wenn auch nicht gerade reichlich, und Kleidung bekamen wir zum Teil von fremden Menschen aus fernen Ländern geschenkt.

Trotz wiederholter Bemühungen gelang es mir absolut nicht, eine Lehrstelle zu bekommen. Da bot sich mir im März 1948 die Gelegenheit, Arbeit zu erhalten, und zwar im Haushalt einer Gärtnerei im Nachbardorf. Der Haushalt umfasste die Eltern, vier Kinder, außerdem Schweine, Kühe, Gänse und Hühner.

Für vierzig Reichsmark und Beköstigung – schlafen tat ich dort nicht, sondern ging abends immer nach Hause – nahm ich meine Tätigkeit auf.

Gleich zu Beginn musste ich mich enorm anstrengen, denn ein Junge sollte gerade konfirmiert werden. Da gab es reichlich zu tun, sodass ich gar nicht darüber nachdenken konnte, ob mir die Arbeit gefiel oder nicht.

Im Juni 1948 kam die Währungsreform, und ich erhielt zehn Deutsche Mark monatlich, ein umwerfender Verdienst! Aber seit März war ich Mitglied der gesetzlichen Rentenversicherung, welches ein sehr wichtiger Faktor war. Ich hatte inzwischen selbst erlebt, wie segensreich es war, dass Mutti Witwenrente erhielt und die Großeltern Altersrente. Großvater T. hatte auch als selbstständiger Geschäftsmann immer für sich und seine Frau die Rentenbeiträge entrichtet, sodass sie nun beide ihre Rente beziehen konnten. Auch Opa bezog eine gute Pension. Das waren alles Erfahrungen, die mir nun zu Gute kamen und mich stolz machten, dass ich nun auch „Renteneinzahler" war.

Im Herbst 1948 gab ich die Stellung wieder auf, da meine Körperkräfte für diese Arbeit auf die Dauer nicht ausreichten. Was musste ich aber auch alles tun …! Den ganzen Haushalt in Ordnung halten, die Hausfrau hatte offensichtlich ihr erstes Hausmädchen eingestellt und spielte dementsprechend nun die „gnädige Frau". Das Essen hatte pünktlich nach ihren Anweisungen auf dem Tisch zu stehen. Die kleine Wäsche musste von mir gewaschen und gebügelt und gestopft werden. Die Hühner und das übrige Vieh sollten gefüttert werden. Zu diesem Zweck musste ich einen Riesenkochtopf von ungefähr zwölf oder fünfzehn Litern Fassungsvermögen mit Kartoffeln kochen. Das Abgießen war eine unwahrscheinlich schwere Arbeit, da kam natürlich einiges an Gewicht zusammen. Wie schwer war das alles für mich, wie sollte ich das bloß schaffen? Es handelte sich ja um kochendes Wasser, das nun nicht auf meine Hände oder Füße vergossen werden durfte. Die Kuh habe ich nur ein paarmal gemolken. Nachdem der Hausherr mir das Melken beigebracht hatte, ging es auch einigermaßen. Als ich aber einmal einen vollen Tritt von der Kuh bekam und samt Eimer und Schemel im Mist lag, weigerte ich mich strikt, jemals wieder „unter die Kuh" zu gehen.

Die Hühner hatten die Angewohnheit, ihre Eier teilweise nicht in die dafür vorgesehenen Nester im Stall zu legen, sondern sich andere Plätze auszusuchen. So hatte ich auch noch die ehrenvolle Aufgabe, morgens, bevor die Hühner aus dem Stall gelassen wurden (es waren so an die 25 Viecher) jedem Huhn in den Po zu fühlen, um festzustellen, ob sie überhaupt ein Ei hatten, damit kontrolliert werden konnte, wie viele Eier verlegt wurden. Diese Kontrolle gab mir die Gelegenheit, einige Eier weniger anzugeben, als ich tatsächlich ertastet hatte. Inzwischen entdeckte ich nämlich, dass ein Huhn in der im Stall stehenden Kartoffelkiste wohl einen besseren Legeplatz gefunden hatte und seine Eier dort ablegte. Diese Eier nahm ich dann mit nach Hause, und zwar in der Schürzentasche. Ich holte mir das Ei kurz vor meinem Nachhauseweg aus der Kartoffelkiste. Noch immer war das Essen nicht gerade reichlich, und dem „Huhn-Besitzer" wurde dadurch auch kein großer Schaden zugefügt. Solche Moralvorstellungen verdrängte ich einfach, ich fühlte mich nicht als Dieb, sondern übte lediglich Mundraub aus.

Überall gab es in diesem Haushalt Mäuse, auch in der Speisekammer. Es wurden Fallen aufgestellt, die ich morgens, wenn ich ankam und meine Arbeit aufnahm, leeren musste. Obwohl ich in den vergangenen Jahren so allerlei Dinge hatte tun müssen, die mir widerstrebten, konnte ich mich nicht daran gewöhnen, die toten Mäuse aus den Fallen zu entfernen. Ich ekelte mich jeden Tag wieder neu. Auf dem Wege zur Arbeitsstelle graute mir schon vor dieser Aufgabe. „Gitta, die Tiere fressen dich nicht, die sind bereits mausetot", so nahm mich der Hausherr morgens auf die Schippe. Er konnte absolut nicht verstehen, warum ich solche Angst hatte.

Die Arbeit wurde mir insgesamt zu schwer, ich gab sie auf, erhielt aber nun Arbeitslosengeld, was vor meiner Tätigkeit nicht möglich gewesen war. Mutti erhielt nur für sich Witwenrente und für Helga Waisenrente. Für mich gab es kein Waisengeld

mehr, weil die Altersgrenze wohl niedriger lag als in späteren
Zeiten. Ich war bis dahin jedenfalls ohne Einkommen, was Mutti
allerdings nicht unbedingt davon abhielt, mir das ab und zu auch
unter die Nase zu reiben. Aber ich konnte doch nun wirklich
kein Geld herbeizaubern, ich versuchte ja alles, um zu den finan-
ziellen Mitteln etwas beizutragen. Mein Blumenweg zur Stadt
war sehr hart gewesen, das Arbeiten auf dem Feld war ebenfalls
für ein so schmächtiges Geschöpf wie mich keine Kleinigkeit.

Im Herbst 1948 erhielt ich vom Arbeitsamt in Flensburg eine
Stelle als Glasbläserin zugewiesen, die ich auch bekam. Wir gingen mit sechs oder sieben Mädchen zur Vorstellung und mussten
dort alle ein langes Glasrohr zwischen den beiden Daumen- und
Zeigefingern drehen, weil diese Handbewegung die Hauptsache
beim Anfertigen der Glasteile war. Zwei der geschicktesten
Bewerberinnen wurden eingestellt, eine davon war ich. Nach
einer kurzen Anlernzeit war ich in der Lage, die Tätigkeit ordentlich auszuüben. Es wurden Reagenzgläser von Hand und
Mund gemacht. Allerdings dauerte diese Herrlichkeit nicht lange,
der Betrieb wurde bald eingestellt.

Ich war wieder arbeitslos, aber ich erhielt auch wieder Arbeitslosengeld, wenn auch nicht viel, aber immerhin einige Mark.
Aufgrund meiner „Fähigkeit" wurde ich nochmals nach einigen Wochen als Glasbläserin – sprich Hilfsarbeiterin – in einer
kleineren Firma, die drei Männer beschäftigte, eingestellt. Die
Arbeitswege waren miserabel. Eine Busverbindung von unserem
Ort zur Stadt wurde gerade erst eingerichtet und dementsprechend selten hielt der Bus auch noch bei uns, aber wir mussten
nicht mehr per pedes nach Flensburg wandern. Allerdings war
diese zweite Arbeitsstelle sowieso nur zu Fuß zu erreichen, weil
die Firma am Rande der Stadt lag und es dorthin von Gottrupel
aus keine Verbindung gab.

Flensburg 1949:
Neubeginn

Im Spätsommer 1949, als ich die Arbeit in Flensburg hatte, stellten wir den Antrag auf Zuzugsgenehmigung nach Flensburg. Es war so, dass wir unseren Wohnsitz nur dann verlegen konnten, wenn der Nachweis einer beruflichen Tätigkeit am neuen Wohnort erbracht wurde. In einem Baracken-Flüchtlingslager in Flensburg hatten wir durch Bekannte die Möglichkeit ausfindig gemacht, dort ein Zimmer zu bekommen.

Der Zuzug wurde aufgrund meiner Tätigkeit in der Stadt genehmigt, und die „große Freiheit" begann, denn nur Mutti, Helga, Ulrich und ich konnten umziehen, die Großeltern mussten vorerst im Dorf bleiben, also jetzt zwei statt sechs Personen in den achtzehn Quadratmetern Wohnraum! Es hatte in jüngster Vergangenheit immer wieder Zerwürfnisse zwischen Großeltern und Mutti gegeben. Mutti seufzte oft:

„Wenn wir doch nur einen eigenen Wohnraum bekommen könnten, das ist ja nicht mehr zum Aushalten!"

Und nun ergab sich diese Gelegenheit endlich. In dem Barackenlager erhielten wir einen Raum von ungefähr zwanzig Quadratmeter für uns vier; mit einem großen Fenster, einer Zimmertür zu einem langen Flur, von dem viele derartige Räume abgingen. Außerdem gab es eine richtige Wasserspültoilette. Bisher hatten wir in Gottrupel nur einen angebauten Holzschuppen mit einem Eimer zur Benutzung gehabt.

Nun kam also der große Komfort in unser Leben. Es war himmlisch, ohne Großeltern zu wohnen! Wir erhielten ein paar Möbel aus dem Barackenlager-Vorrat als Spende. Ein paar Sachen hatten wir bei einem Alttrödler erstehen können. Wir mussten mit den paar ersparten D-Mark sehr vorsichtig umgehen, unser Geld war außerordentlich knapp. Mein Arbeitslohn war nur gering und die Rente für Mutti ebenfalls nicht gerade üppig. Aber mit dieser neuen deutschen Mark gab es auf jeden Fall die

Gelegenheit, Anschaffungen tätigen zu können. Vor der Währungsreform hatten wir überhaupt keine Möglichkeit dazu.

Eines Tages kauften wir im Kaufhaus meterweise sogenannten Sambastoff, gelblich mit großen runden Punkten; ein Sonderposten. Davon wurden Bettdecken, Gardinen, Tischdecken und Kissenbezüge genäht. Wir waren wie im Rausch, welch ein Reichtum war über uns hereingebrochen. Arbeit, Wohnung, Möbel, Stoff, konnten wir das alle so verkraften? Mutti nähte alles so prima, wir hatten plötzlich das Gefühl, fast wie in einem Schloss zu wohnen. Wir fühlten uns unheimlich wohl. Es war für Mutti auch eine schlimme Zeit, all die Jahre in der Enge. Sie wurde von ihren Eltern immer noch wie ein Kind bevormundet, was sie sich natürlich nicht gefallen ließ, und so waren die Streitigkeiten eigentlich immer vorprogrammiert. Es war ein sehr großer Felsbrocken, der ihr vom Herzen fiel, als wir nun endlich ganz so leben konnten, wie Mutti es für richtig hielt.

Ja, so waren wir nun Stadtbewohner geworden und fühlten uns hier pudelwohl. Ein erster Wermutstropfen fiel in unser Glück, als ich plötzlich zur Blinddarmoperation ins Krankenhaus musste. Das war im Oktober 1949. Der zweite Wermutstropfen schmeckte schon bitterer, als im Februar 1950 mein Arbeitgeber die Produktion einstellte. Er hatte Christbaumschmuck, Reagenzgläser und Leuchtreklamebuchstaben hergestellt. Es war sehr schwierig, sich in der Geschäftswelt zu behaupten, die Leute kauften zwar allerhand Dinge, aber trotzdem fehlte das Kapital, um über flaue Absatzzeiten hinwegzukommen.

So war ich wieder arbeitslos. Aber diesmal waren wir in der Stadt, diesen Vorteil hatte zumindest meine Berufstätigkeit in Flensburg eingebracht. Und diesen Vorteil nutzte ich ganz erheblich aus, denn nun waren die weiten Anmarschwege nicht mehr vorhanden, und ich konnte Kurse nach Lust und Laune in der Stadt belegen, und das tat ich! Ich besuchte mehrere Kurse nebeneinander, nämlich Stenographie, Maschinenschreiben und Schriftwechsel.

Helga hatte die Schule beendet und ging in die Lehre als Schlachtereiverkäuferin, ihr war also inzwischen die Möglichkeit geboten worden, eine Lehre zu beginnen. Das hatte bei mir noch nicht geklappt damals. Sie beendete diese Lehre allerdings nicht ganz und fing eine neue Lehre als Miedernäherin an. Aber das war erst etwas später. Jedenfalls hatte sie eine Lehrstelle, und ich wollte auch unbedingt weiterkommen.

Da das Geld rar war, mussten wir weiterhin sehr rechnen. Ich hatte so gut wie keinen Pfennig für mich zur Verfügung, das Arbeitslosengeld musste ich fast alles an Mutti abgeben. Mit der Straßenbahn zu fahren, war ein Luxus, den ich mir nur bei strömendem Regen erlauben durfte, ansonsten hieß es auf Schusters Rappen durch die Gegend zu laufen. Da mein Geld hinten und vorne nicht reichte, halfen mir aber Oma und Opa. Opa war sehr damit einverstanden, dass ich so viele Kurse belegte, und gab mir zu einem großen Teil die Kursgebühren.

1950 bekam ich noch einmal eine Tätigkeit in einer Glasfabrik, die nun allerdings schon maschinell Reagenzgläser produzierte. Dort rutschte ich bereits in eine „bessere" Position, ich war in der Packerei damit beschäftigt, die hergestellten Mengen schriftlich zu verwalten. Immerhin noch Hilfsarbeiterin, aber eine, die doch schon gehobene Arbeiten verrichten durfte. Leider dauerte auch diese Herrlichkeit nicht lange, nach ein paar Monaten war wieder Schluss, die Fabrik machte zu. Es waren für die Betriebe keine günstigen Zeiten, aber sie versuchten alle, ein Fortkommen zu erreichen, das nicht immer funktionierte, die Arbeitnehmer standen dann auch wieder auf der Straße. Wieder erneut eine Stellung zu bekommen, war äußerst schwierig.

Großeltern T. waren inzwischen auch nach Flensburg gezogen. Sie bekamen sogar eine kleine Wohnung in einem Mietblock in unmittelbarer Nähe von unserem Barackenlager. So nach und nach war es möglich, den Zuzug in die Stadt zu bekommen, wenn man Wohnraum und Einkommen nachweisen konnte. Die Großeltern waren sehr froh darüber, denn die Wege von Gottrupel nach Flensburg waren doch recht beschwerlich, auch wenn nun ein Linienbus fuhr. Außerdem kosteten die Fahrten immer Geld; so waren wir nun wieder hier beisammen, allerdings in getrennten Behausungen, was sich als ganz harmonisch herausstellte.

Am 21. Mai 1950 feierten wir in unserer Baracke ein Fest. Oma und Opa hatten goldene Hochzeit. Sie kamen zu diesem Zweck aus Dithmarschen. Eine Stettiner Familie, die in unserer Baracke wohnte, hatte sich freundlicherweise bereit erklärt, Oma und Opa für die Dauer ihres Besuchs in einem Zimmer schlafen zu lassen, das nur der alte Vater alleine bewohnte und wie alle anderen Räume der Baracke die gleiche Größe wie unser Zimmer hatte. So waren Oma und Opa an ihrem Ehrentage nicht alleine, er wurde in der Kirche sogar noch gefeiert.

Ich war seit, einiger Zeit Mitglied des evangelischen Jugendkreises. Wir hatten dort sehr viel Kontakt untereinander, egal ob Flüchtlinge oder Einheimische. Dieser Kontakt zur Kirche führte dazu, dass ich am gleichen Tage, als Oma und Opa goldene Hochzeit feierten, in der gleichen Kirche zum gleichen Zeitpunkt konfirmiert wurde. Ich war auch im Kirchenchor, und der Pastor hatte mir so einiges beigebracht, sodass ich, da ich getauft war, nun konfirmiert werden konnte. Eigentlich war es mehr der Wunsch von Oma und Opa, aber ich hatte nichts einzuwenden. Diese Konfirmation schloß allerdings nicht aus, dass ich mich mit dem Pastor oft sehr kontrovers unterhielt. Er konnte mir die Frage: „Wo ist denn der Herrgott gewesen, als all diese schrecklichen Dinge 1945/46 passierten?" nicht beantworten. Aber ich war im Kirchenkreis bei der Jugendgruppe sehr gut aufgehoben, fühlte mich unter den anderen Jugendlichen wohl, und das führte zu dieser Konfirmation. Oma und Opa waren jedenfalls restlos glücklich über diese Situation.

Durch die Anwesenheit von Oma und Opa im Barackenlager ergab sich die Gelegenheit, Kontakt mit der Lagerverwaltung aufzunehmen. Es kristallisierte sich nach einigen Gesprächen heraus, dass sie den Zuzug nach Flensburg bekämen, wenn sie Platz nachweisen könnten. Und das konnten sie! Der alte Mann, bei dem sie während ihres Flensburg-Aufenthaltes gewohnt hatten, war bereit, sein Zimmer teilen zu lassen, sodass sie dort einziehen konnten. Es wurde eine dünne Trennwand gezogen, das Fenster war groß genug, sodass jede der Parteien jeweils in ihrem „Abteil" auch Licht hatte. Für Oma und Opa, die inzwischen achtzig und sechsundsiebzig Jahre alt waren, bedeutete dieser Umzug ungeheuer viel. Sie waren nicht mehr alleine in Dithmarschen, sondern bei der Schwiegertochter und den Enkelkindern. Das füllte ihr Leben doch noch einmal etwas mit Freude. Dieser ganze Umzug zog sich ziemlich lange hin, weil erst alle Formalitäten erledigt werden mussten. Aber es klappte immerhin.

Eines Tages konnte ich Mutti stolz verkünden: „Ich darf bei der Volkszählung mitmachen und erhalte für die Arbeit extra Geld." Im September 1950 fand die Volkszählung statt, und Mutti staunte und meinte: „Gitta, das machst du so prima, du darfst das Geld für dich behalten." Na, da war ich sehr froh, denn viel Extralohn gab es ansonsten ja für mich nicht.

Und dann passierte etwas, was das nun fast schöne Leben verdüsterte. Ich wurde sehr krank. Ende September 1950 wachte ich eines Morgens auf und erklärte Mutti mit reichlich matter Stimme: „Ich habe solche Bauchschmerzen, ich kann gar nicht aufstehen." „Aber du hast doch gar keinen Blinddarm mehr, der wurde im vergangenen Jahr herausgeschnitten, was ist das nun bloß?" Mutti versuchte mit nassen Umschlägen irgendwie die Schmerzen zu lindern, aber schließlich musste ein Arzt gerufen werden. Der wies mich ins Krankenhaus ein, und dort stellten die Ärzte eine Unterleibsentzündung fest, die nach vierzehn Tagen geheilt war. Aber als ich aufstehen durfte, konnte ich nicht mehr gehen! Die Beine waren wie gelähmt, ich brach immer wieder zusammen. Die Mediziner konnten sich die Sache nicht erklären. Nach langwierigen Untersuchungen und Behandlungen wurde diagnostiziert, dass es sich um eine Nervenlähmung in den Beinen handelte. Man sagte Mutti, dass eine Besserung für lange Zeit nicht erwartet werden könne, und ob es je wieder ganz in Ordnung käme, wäre eine noch offene Frage.

„Mutti, was hat der Arzt dir erzählt?" wollte ich von ihr wissen. Sie druckste herum und sprach dann ganz vage in Andeutungen von der Zukunft. Als ich alles wusste, brach die Welt für mich zusammen. Mein Gott, ich war neunzehn Jahre alt und sollte vielleicht nie wieder richtig gehen können?" Wilde Gedanken schossen durch meinen Kopf:

„Wenn ich es nur bis zur Straßenbahn schaffen würde, da würde ich mich vorwerfen."

Da hatte ich nun all die schlimme Zeit überlebt, und nun sollten mich laut ärztlicher Aussage diese Spätfolgen treffen? Denn es wurde gesagt, dass diese Nervenlähmung aller Wahrscheinlichkeit nach ein Zusammenbruch aufgrund der vielen grausamen Erlebnisse sei, die auf mich als dreizehn- und vierzehnjährige eingestürmt waren.

Ich weinte nur noch, die Beine blieben trotz Elektroschockbehandlung und Unterwassermassagen kraftlos. Nach einigen Wochen wurde ich aus dem Krankenhaus entlassen, dort war eine weitere Behandlung nicht möglich.

Zu Hause fing ich nach längerer Zeit an, den Versuch zu unternehmen, mich auf dem Tisch abstützend, denselben zu umrunden. So ganz allmählich und nach langen vergeblichen Versuchen wurde es dann besser.

Zur Weihnachtsfeier holte mich die Jugendgruppe vom Kirchenchor mit dem Rollstuhl ab. „Ach, ich will nicht mitkommen", war meine Antwort, aber darauf ließen sich meine Kameradinnen gar nicht ein und setzten mich in den Rollstuhl, und ab ging es zum Gemeindesaal.

Anfang 1951 war ich dann soweit hergestellt, dass ich wieder alleine loslaufen konnte.

Es war eine sehr schwierige Zeit für mich gewesen. Ich hatte so entsetzlich viel nachdenken können und müssen. Kamen später noch schlimmere „Folgeschäden" auf mich zu, was würde alles in der Zukunft geschehen? Aber dann sagte ich mir: „Du musst gesund werden, nun erst recht!"

Wenn Mutti mich aufforderte:

„Geh mal zum Kaufmann", konnte es vorkommen, dass ich mich mit den Worten widersetzte: „Das kann ich nicht." Wobei mir dann jedoch sofort der Gedanke kam, so etwas gibt es nicht, „das kann ich nicht". Also am Riemen reißen und losgehen.

In der nachfolgenden Zeit lernte ich wie wild in den von mir belegten Kursen. Ich wollte endlich Erfolg aufweisen können. Und dann war es soweit, ich hatte meine erste Urkunde über einhundert Silben Stenographie in den Händen, die ich im Steno-Prüfungsschreiben erlangt hatte. Mit stolzgeschwellter Brust wanderte ich damit zum Arbeitsamt zur Angestelltenvermittlung. Das war für mich schon ein wichtiger Schritt, denn das bedeutete für mich eigentlich die Wende in meiner beruflichen „Karriere", danach hatte ich gestrebt, das war mein Ziel, endlich ins Büro zu kommen.

Auf dem Arbeitsamt wollten sich die Sachbearbeiter fast totlachen über meine lächerlichen einhundert Silben, die da beurkundet wurden. Damit könne ich gar nichts anfangen, davon hätten sie auf dem Arbeitsamt eine ganze Menge gemeldet, da wären so viele Handelsschüler mit gleichartigen Leistungen, da könne ich überhaupt nicht mithalten. In meiner Siegesfreude jäh unterbrochen, zog ich mit hängendem Kopf und eingezogenen Schultern wieder ab und schwor mir: „Ihr sollt mich noch kennenlernen, ich komme wieder!" Inzwischen erhielt ich dann eine Urlaubsvertretung als Kontoristin für ungefähr zwei Wochen. Ich schnupperte die erste Büroluft, und mein Wille, in dieser Luft Fuß zu fassen, wurde erneut bekräftigt. Also belegte ich noch mehr Abendkurse und lernte, lernte.

Dann ging ich mit meiner neuesten Errungenschaft, nämlich einer Urkunde über einhundertachtzig Silben, wieder zum Arbeitsamt. Es waren allerdings nur sechs Monate vom ersten Totlachen bis zum jetzigen Staunen vergangen. Meine Leistung in diesen paar Monaten errang Anerkennung. Es war nicht üblich, in so kurzer Zeit eine solche Leistungssteigerung zu erreichen.

Zu dieser Zeit war bereits bekannt, dass ein Bundesamt größeren Umfangs nach Flensburg verlegt werden sollte. Ich wurde aufgefordert, eine Bewerbung einzureichen. Leider dauerte das alles sehr lange, ich wurde schon ungeduldig. Da erreichte mich die Aufforderung, nach Bielefeld zu kommen, ich sollte dort im Bundesamt angelernt werden und dann später beim Umzug wieder nach Flensburg zurückkehren. Aber das klappte nicht, weil

Mutti mir nicht erlaubte, von Flensburg wegzugehen. Ich war eben noch nicht einundzwanzig Jahre alt, und für viele Dinge musste ich Muttis Einverständnis haben. Vielleicht war es auch besser so, jedenfalls lehnte ich erst einmal ab und wartete auf weitere Angebote. Da bot sich Anfang 1952 die Gelegenheit, in einer Auskunftei eine Tätigkeit als Stenotypistin anzunehmen, die allerdings miserabel bezahlt wurde. Ich erhielt ganze 80 DM brutto! Den größten Teil des Geldes musste ich wieder bei Mutti abgeben, mir blieb nur ein ganz geringer Rest. Ich ging meistens zu Fuß zum Dienst, um das Fahrgeld zu sparen. Es war ein ziemlicher Marsch dorthin. Aber ich war in meinem Element, der Aufschwung musste nun wohl kommen. Ich besuchte weiterhin meine Abendkurse, denn meine Lernbegier war noch lange nicht befriedigt. Und der Aufschwung kam! Ich wurde ganz überraschend vom Bundesamt, das inzwischen nach Flensburg übergesiedelt war, aufgefordert, mich beim Personalchef zu melden. Das Ganze kam dann sehr witzig zustande. Der Personalchef wollte offensichtlich in Urlaub fahren und die Angelegenheit vorher erledigen. Jedenfalls war sein Fahrer mit dem Auto in der Stadt, fuhr am Barackenlager vorbei und fragte nach meiner Adresse und … holte mich per Auto von der Auskunftei während der Dienstzeit ab! Ich war völlig perplex, was da nun plötzlich geschah, das konnte doch eigentlich nur ein Traum sein, das gab es doch in Wirklichkeit gar nicht.

Da stand tatsächlich ein Fahrer vom Bundesamt und sagte: „Fräulein S., ich soll Sie abholen." Im ersten Moment bekam ich doch einen Schreck, abholen hatte er gesagt? Dann klärte sich alles schnell auf, und mein Bürochef gab mir eine Freistunde. Ich fuhr mit dem Fahrer im Auto, der mich zum Amt brachte, und ich ging dann zum Personalchef, und dieser bot mir aufgrund meiner beurkundeten Fähigkeiten als Stenotypistin ein Gehalt von circa einhundertneunzig DM an, ich könne auch sofort anfangen. Ich wäre am liebsten vor Freude durch das Dach geschossen, aber ich blieb äußerlich kühl und meinte: „Für den Anfang ist das ganz gut, über eine spätere Aufbesserung können wir dann ja noch reden." Dabei zitterte ich vor Freude und war ganz außer mir, endlich eine aussichtsreichere Plattform erreicht zu haben.

Abends konnte ich gar nicht schnell genug nach Hause gelangen. Ich stürmte in unseren Barackenraum: „Mutti, stell dir vor, ich bin beim KBA angenommen worden, ich soll ein riesiges Gehalt bekommen." Atemlos ließ ich mich auf das Bett fallen. „Nun bin ich oben!" Mein Gott, war ich glücklich, das Leben würde wunderbar werden. Die Auskunftei zeigte sich recht großzügig, und ich konnte sofort meinen dortigen Arbeitsplatz verlassen. Man wollte mir keinen Stein in den Weg legen, das wäre eine große Chance für mich. Und so konnte ich am 1. Juni 1952 meinen Behördendienst beginnen.

Ach, wie selig war ich, ich hatte nun endlich erreicht, was ich mir solange vorgenommen hatte, wofür ich solange und unheimlich viel gepaukt hatte, aber auf meinen Lorbeeren ruhte ich mich keineswegs aus, ich belegte weiterhin Kurse, weil es mir viel Spaß machte, ein immer größeres Leistungsziel zu haben und zu erreichen.

Ich hatte das Gefühl, nun endlich vom Glück, dem ich allerdings erheblich nachgeholfen hatte, erfasst worden zu sein. Ich fühlte mich ringsherum wohl. Wir lebten noch immer im Barackenlager, aber wir konnten uns doch so allerlei anschaffen und leisten. Mutti machte unser Zimmer immer schöner, es wurden viele neue Dinge gekauft. Mutti nähte uns auch häufig Kleider, sodass wir recht gute Abwechslung in unser Aussehen bringen konnten.

Helga war in der Lehre, Ulrich war in die Schule gekommen, Großeltern T. wohnten in Flensburg und hatten inzwischen auch goldene Hochzeit gefeiert, Oma und Opa waren in unserer direkten Nähe, ich ging immer noch zu meinen Abendkursen, und zwar nicht nur zum Lernen, sondern weil ich dort auch sehr viele Freundschaften geschlossen hatte. Nach den Kursen gingen wir abends häufig noch ins Stadtcafé und gönnten uns mal ein Eis, mal Kaffee und Torte, es war eine nette Lerngemeinschaft. In dieser Zeit, als wir im Barackenlager wohnten, lernte ich eine Familie kennen, die aus Ehepaar und drei Kindern bestand.

Der Mann war Musiker am Theater, und wenn die Frau einmal mit in eine Vorstellung gehen wollte, passte ich auf die Kinder auf, also schon Babysitting! Wenn sie einmal einen anderen Aufpasser organisieren konnten, durfte ich mit ins Theater, der Mann bekam oft Freikarten. Ich war sehr theaterbeflissen, ich ging ins Schauspiel, in die Operette und in die Oper. Welchen Genuß hatte ich von meiner ersten Oper „Carmen". Es waren schöne Zeiten!

Ulrich war inzwischen schulpflichtig und lernte vom ersten Tag an sehr leicht. Diese Fähigkeit behielt er in seinem späteren Leben. Er lernte viel und erreichte dadurch eine gute Position im Beruf. Er besitzt die Begabung, in eine Prüfung zu gehen mit der Gewähr, er verfüge ja über das notwendige Wissen.

Dieser Aufschwung spielte sich im Jahre 1952 ab. Es dauerte ungefähr noch zwei Jahre, dann hatten wir die Möglichkeit, durch ein Barackenräumungsprogramm und aufgrund meiner Tätigkeit beim Bundesamt in eine richtige Neubauwohnung mit zwei Zimmern, Küche und Bad zu ziehen.

Ein Paradies! Wir fühlten uns wie die Könige. Eine Unmenge Platz mit allem Drum und Dran. Jeder hatte auch so seine Bedürfnisse, und dieser eine Raum in der Baracke, der uns vor fünf Jahren, als wir von Gottrupel hierher umgezogen waren und der uns so traumhaft erschien, wurde nun allmählich zu eng. Da war diese Neubauwohnung der Gipfel aller Träume.

Ich persönlich habe allerdings davon nicht mehr so viel gehabt, weil ich ein paar Monate später einen neuen Lebensabschnitt begann und nach Hamburg zog. Ich kündigte meine Stellung in Flensburg und erkor Hamburg zu meinem neuen Domizil, nachdem ich mir zuvor Arbeit und Wohnraum beschaffte. Ich erhielt eine gut bezahlte Anstellung und hatte ein möbliertes Zimmer bei netten Wirtsleuten. Ich war völlig mein eigener Herr und grenzenlos zufrieden. Mir erging es nun so wie 1949 Mutti, als sie von ihren Eltern immer bevormundet worden war und ihr das auch nicht gepasst hatte und wir uns nach Flensburg abgesetzt hatten. Es wiederholt sich vieles im Leben, von einer Generation zur anderen tauchen dann irgendwann die gleichen

Probleme auf. Mutti war recht böse, dass ich als gut verdienende Tochter das Haus verließ. Für die neue Wohnung wurden Anschaffungen gemacht, die bezahlt werden mussten. Aber ich hatte meine Wahl getroffen … Hamburg.

Und Hamburg brachte mir das große Glück: Hier lernte ich meinen Mann kennen, wir feierten inzwischen Silberhochzeit. Wir waren beide zielstrebig, haben beruflich viel erreicht, uns Besitz geschaffen und sind glücklich, bisher gesund und gesichert ein gemeinsames Dasein zu führen.

1959 heiratete auch meine Schwester Helga, die heute drei Kinder und bereits zwei Enkelkinder hat.

1968 war unser Gottrupeller „6. Palastbewohner" Ulrich ins heiratsfähige Alter gerutscht und ist Vater von fünf Kindern.

Die Großeltern T. starben 1957 und 1959, Opa und Oma 1959 und 1962.

Von unserer kleinen „Fluchtgemeinschaft" ist niemand in Zollbrück geblieben. Frau Hühn wurde nach Mecklenburg verschlagen, wo sie später ihren Mann wiedertraf, der aus Kriegsgefangenschaft kam. Tante Martha konnte mit ihren Töchtern Lotte und Martha und Grete mit ihren drei Kindern später nach Westdeutschland gelangen. Gretes Mann wurde ebenfalls aus der Kriegsgefangenschaft entlassen. Der Kontakt zu all diesen Personen ist aber inzwischen abgebrochen.

Zum Schluss möchte ich noch ein für mein Leben absolut leitendes Motiv niederschreiben. Mein Vater hatte mir damals in mein Poesiealbum einen Spruch geschrieben, von dem er nicht ahnen konnte, wie sehr ich diesen Vers ein Leben lang – bewusst oder unbewusst – beherzigen würde:

Sage nie, das kann ich nicht!
Vieles kannst Du, will's die Pflicht.
Alles kannst Du, will's die Liebe,
Darum Dich im Schwersten übe,
*Sage **nie**, das kann ich nicht!*

Christian Graf
von Krockow

Die Stunde der Frauen
Bericht aus Pommern
1944–1947

248 Seiten,
11 S/W-Abbildungen,
Format 12 x 19,5 cm,
gebunden mit
Schutzumschlag

ISBN 978-3-8003-3187-1

€ 16,95 [D]/€ 17,50 [A]/
SFr 24,90

Im Sommer 1944 und fast wie im Frieden noch einmal ein großes Fest: Hochzeit im pommerschen Gutshaus. Doch schon wachsen die Schatten, der Zusammenbruch deutscher Herrschaft zeichnet sich ab; eine dramatische Geschichte beginnt. Christian Graf von Krockow berichtet sie nach der Erzählung seiner Schwester Libussa Fritz-Krockow. Der Triumph und die Rache der Sieger, der Untergang einer alten Lebensordnung in Feuer und Blut: Von schrecklichen Dingen ist die Rede, von der Kehrseite des Menschlichen. Aber indem wir erfahren, was wie einander antun können, entdecken wir zugleich, welche Kräfte wir haben, um das Menschliche zu retten. Vor seinem düsteren Hintergrund erzählt dieses Buch vom Mitgefühl und vom Mut, von der Besonnenheit und der Energie zum Handeln, von der Stärke der Schwachen. Und mitunter grenzt hart ans Entsetzen sogar das Gelächter. Im Hintergrund läuft noch anderes, am Ende kaum weniger Dramatisches ab: Mit der alten Ordnung zerbricht, was den Stolz der Männer begründete. Es taugt nicht mehr. Darum schlägt jetzt die Stunde der Frauen; sie sind es, die das Leben retten. Von dieser Erfahrung erzählt das Buch in seiner zweiten, seiner in Wahrheit zentralen Geschichte.

Dr. Horst Wolf

Als Stabsarzt in Danzig, Westpreußen und Ostpreußen 1944–1947

176 Seiten,
3 S/W-Abbildungen,
Format 12 x 19,5 cm,
gebunden mit
Schutzumschlag

ISBN 978-3-8003-3195-6

€ 16,95 [D]/€ 17,50 [A]/
SFr 24,90

„Das Ende des Jahres 1944 und der Anfang des neuen Jahres brachte der Lazarettstadt Elbing die Gewissheit des baldigen Zusammenbruchs." So beginnt der aufwühlende Zeitzeugenbericht von Dr. Horst Wolf, der als Stabsarzt der Reserve und Chirurg im Hauptlazarett in Elbing Kriegsverletzungen der Patienten behandelte. Nach einem ersten Vorstoß der Roten Armee nach Elbing hinein, erlebt er die heillose Flucht des kompletten Klinikpersonals und versucht mit einem ebenfalls dort gebliebenen, befreundeten Kollegen sowie englischen und französischen Kriegsgefangenen, die Verwundeten bestmöglichst zu versorgen. Nach dem Entsatz der Stadt durch deutsche Truppen, gelingt es mit dem letzten Lazarettzug, die Verwundeten aus Elbing zu evakuieren. Der eigene Weg führt ihn weiter in die Festungsstadt Danzig, wo Dr. Wolf im Reservelazarett Danzig-Langfuhr seinen Dienst wieder aufnimmt. Hier erlebt er die Einnahme der Stadt durch die Rote Armee. Mehrfach wird er Zeuge von brutalen Übergriffen der russischen Armee, die mit den verwundeten deutschen Soldaten kurzen Prozess machen. Als Kriegsgefangener im GPU-Lager im Zuchthaus in Graudenz, muss er als Oberarzt mit ansehen, wie viele seiner Mitgefangenen, halb verhungert und entkräftet, von Seuchen und Krankheiten dahingerafft werden und entkommt selbst dem sicheren Tod nur durch ein Wunder. Von Graudenz nach Preußisch Eylau verlegt, arbeitet er als Arzt im Sanitätslager 583, dann im Rajon-Krankenhaus und behandelt hier auch russische Soldaten und Zivilisten. Als fähiger deutscher Chirurg erwirbt er sich die Anerkennung und den Respekt der ehemaligen Kriegsgegner und wird Ende 1947 aus russischer Kriegsgefangenschaft entlassen. Der mitreißend geschriebene Bericht lässt uns teilhaben am Schicksal der deutschen Kriegsgefangenen und der Zivilbevölkerung in den ehemaligen deutschen Provinzen unter russischer Herrschaft.